MICHAEL HLATKY / FRANZ REIL

Bierbrauen für jedermann

3., ERGÄNZTE AUFLAGE

LEOPOLD STOCKER VERLAG
Graz — Stuttgart

Umschlaggestaltung: Atelier Geyer, Judendorf–Straßengel
Umschlagfoto: Atelier Geyer, Judendorf–Straßengel

ISBN 3-7020-0711-3

Gesamtherstellung: M. Theiss, A-9400 Wolfsberg

INHALT

Inhalt

VORWORT

Über Jahrtausende wurde Bier – oder die Vorläufer dieses alkoholischen Getränks – aus Wasser, Fladenbrot (Getreide) und Hopfen in jedem Haushalt gebraut; genauso selbstverständlich, wie auch das tägliche Brot gebacken wurde.

Auch wenn die Qualität dieser „Biere" mit dem Geschmack und dem Aussehen unserer heutigen Biere nur wenig gemein hatte, blieben doch die biotechnischen Abläufe des Brauens seither einigermaßen unverändert.

Erst durch die technischen Entwicklungen der letzten hundert Jahre und vor allem durch die Erfindung von elektrischen Kühlaggregaten wurde es – unabhängig von äußeren Witterungsverhältnissen – möglich, das ganze Jahr über haltbares Bier zu erzeugen. Mit dem Aufkommen von Lastkraftwagen konnte nunmehr Bier über weite Strecken ohne Qualitätsverluste transportiert werden, wodurch die vielen kleinen Hausbrauereien, aber auch das Brauen zu Hause als Folge des bequemen Einkaufs „genormter" Biere verdrängt wurden. Nach dem Zweiten Weltkrieg ging das Brauen zu Hause, abgesehen von einigen regionalen Ausnahmen, wie etwa „Zoiglbrauen" im Stiftland (Oberpfalz), völlig verloren.

Mit diesem Buch haben die Autoren den Versuch unternommen, diese verschüttete **jahrtausendealte Tradition wiederzubeleben.** Sie haben sich ferner bemüht, in einfacher, auch für den Hobby-Brauer verständlicher Form die Techniken der Biererzeugung darzustellen. Es handelt sich hier nicht um ein wissenschaftliches Fach- oder Lehrbuch für die Ausbildung zum Brauer, sondern um eine praktische Anleitung, Bier in einer Menge von 15–20 l zu Hause selbst herstellen zu können.

Es wurden möglichst alle wichtigen Handgriffe, die zum Brauen gehören, grafisch oder in Fotos dargestellt, und es wurde das für das Verständnis der Brauvorgänge notwendige theoretische Wissen auf das allernotwendigste Minimum beschränkt.

Die in diesem Buch dargelegten Verfahren wurden von den Autoren selbst ausprobiert, und sie sind nach eingehender Diskussion zur Überzeugung gelangt, sich in diesem Praxisbuch für den Hobby-Brauer auf ein einziges Brauverfahren (das am einfachsten durchzuführende **Infusionsverfahren**) zu beschränken. Die Angaben zur Gärung im Rezeptteil beziehen sich auf **„obergärige" Hefen,** da diese auch bei Temperaturen, die in einem normalen Haushalt herrschen, arbeiten können und keine großen technischen Installationen oder Kühlanlagen notwendig sind. Der Fachmann möge diese – durchaus beabsichtigten – Vereinfachungen verzeihen.

Was also hindert Sie noch daran, für Ihre Freunde, für eine Gartenparty oder einfach aus Neugierde den Versuch zu starten, Ihr eigenes Bier zu Hause zu brauen? Sie werden sehen: die erforderlichen Töpfe, Thermometer, Filter etc. sind auch in Ihrem Haushalt vorhanden oder ohne größeren finanziellen Aufwand zu besorgen. Die Rohstoffe für Ihren ersten Brauversuch erhalten Sie im einschlägigen Fachversand, bei Ihrer örtlichen Brauerei oder einer Hausbrauerei.

Die Autoren wünschen Ihnen gutes Gelingen und, mit dem Spruch der Brauer,

**Hopfen und Malz
Gott erhalt's!**

Michael Hlatky, Franz Reil   *Breitenhilm, Schladming*

Frühjahr 1995

DIE GESCHICHTE DES BIERES

Die Geschichte des Bieres ist aufs engste mit der Menschheitsgeschichte verbunden. Als der Mensch begann, seßhaft zu werden und Ackerbau zu betreiben, schuf er sich mit den von ihm kultivierten Getreidesorten die Voraussetzung, um daraus mittels Vergärung ein alkoholhaltiges Getränk herstellen zu können.

Seit ungefähr **5000–3000 v. Chr.** wird nachweisbar Bier gebraut; **Sumerer, Assyrer, Babylonier, Syrer** und **Ägypter** waren gleichsam die Pioniere des heutigen Bieres. Man darf aber nicht glauben, daß dieses vergorene Getränk „Bier" in unserem heutigen Sinn und Geschmack gewesen ist, auch wenn die Rohstoffe Wasser, Hopfen, Brotgetreide und wilde Hefearten bereits damals seine wichtigsten Bestandteile waren.

Bei den **Ägyptern** war Bier ein Volksgetränk, das sogar an Sklaven in festgesetztem Umfang als „Grundnahrungsmittel" ausgeschenkt wurde. Aus Darstellungen in den ägyptischen Königsgräbern wissen wir, daß Bier aus Tonkrügen mit einem Strohhalm getrunken wurde, wodurch die in diesem Getränk enthaltenen Getreidereste zurückgehalten wurden.

Erst bei den **Römern** geriet Bier als „barbarisches" Getränk in Verruf, und dem Wein wurde der Vorzug gegeben; dies schon deshalb, weil die Feinde der Römer – Gallier und Germanen – Biertrinker waren, die Römer selbst jedoch den Wein bevorzugten.

Im frühen Mittelalter, etwa um **700 n. Chr.,** begannen die ersten Klöster im deutschen Raum Bier zu brauen. In Geschichtsbüchern erwähnt werden **Ettal** (um 800) und **St. Gallen** (um 1000). Von St. Gallen stammen auch die ersten Aufzeichnungen und Pläne über Anlagen für die gewerbliche Herstellung von Bier in eigens dazu errichteten Sudhäusern und Gärkellern. Bier wurde in diesen Klöstern aber nicht nur für den Eigenbedarf der Mönche gebraut, vielmehr wurde es an Pilger, Wanderer und Bedürftige vorerst kostenlos, später als sehr lukrative Einnahmequelle ausgeschenkt. Damit wurde Bier in Deutschland, Belgien und auch im slawischen Raum zum Volksgetränk; in den Haushalten kam „selbstgebrautes Bier" in Mode. Für seine Herstellung waren vorwiegend Frauen zuständig. Im Mittelalter wurde somit der brave Bürgersmann von seiner Gesponsin abends mit einer Kanne selbstgebrauten Bieres als Labtrunk empfangen. Aufgeräumt werden muß auch mit dem weitverbreiteten Vorurteil, daß Bierbrauen und Biertrinken reine Männersache seien. Richtig ist vielmehr, daß das **Brauen von Bier über Jahrtausende hinweg eine weibliche Domäne gewesen ist!**

Da Bier seinerzeit das einzige Getränk war, das während des Brauvorganges zumindest einmal sterilisiert wurde, repräsentierte es das gesündeste Getränk des Mittelalters und der frühen Neuzeit, zumal damals Wasser und Milch weit von unserem heutigen hygienischen Standard entfernt waren.

Bis ins 19. Jahrhundert wurde Bier „obergärig" gebraut, da dazu weniger Kühlung notwendig war. Es war auch wesentlich einfacher zu erzeugen, hatte aber den entscheidenden Nachteil der nur beschränkten Lagerfähigkeit und Haltbarkeit.

„Untergärige" Biere konnten nur in den Wintermonaten gebraut werden, da sie während der Gärung entsprechend mit Eis gekühlt werden mußten. Dazu verwendete man Natureis aus zugefrorenen Teichen. Die Eichenfässer wurden in den Gärkellern mit diesem Eis zugedeckt. Der Name **„Märzenbier"** stammt noch aus jener Zeit, da nur bis zu diesem Monat ein haltbares untergäriges Bier für die Sommermonate gebraut werden konnte.

Der Transport war damals auf den schlechten Wegen und mit den zur Verfügung stehenden Mitteln noch sehr problematisch, daher gab es in vielen Orten mehrere Braue-

Im Eiskeller

reien. Hamburg beispielsweise hatte im 16. Jahrhundert mehr als 600! Die erste größere Brauerei Deutschlands entstand in **Weihenstephan** (gegründet 1043), wo sich noch heute die Abteilung für Brauwesen der Technischen Universität München befindet.

Um die Qualität des angebotenen Bieres zu erhöhen, erließ **Herzog Wilhelm von Bayern** 1516 ein Gesetz, das unter dem Begriff **„Deutsches Reinheitsgebot"** bis heute ausschlaggebend für die Qualitätsansprüche deutscher Biere ist und das die ausschließliche Verwendung der Rohstoffe **Wasser, Malz, Hopfen** und später **Hefe** zur Herstellung von Bier vorschreibt.

Sehr bald erkannten Fürsten und andere Herrscher die wirtschaftliche Bedeutung der Bierherstellung und erließen entsprechende Steuergesetze, um an den Gewinnen des Bierverkaufs zu partizipieren. Daran hat sich leider bis in die heutige Zeit nichts geändert, wie Sie dem Anhang über rechtliche und fiskalische Auswirkungen des Bierbrauens entnehmen können.

Untergärige Biere, wie sie heute vorwiegend getrunken werden, wurden industriell erst im 19. Jahrhundert erzeugt, nach der Erfindung der Kühlmaschine durch Herrn

Bierabfüllung und Bierverkostung anno 1892

Linde. Somit war man bei der Biererzeugung erstmals von jahreszeitlichen Wettereinflüssen unabhängig. Revolutionierend in der industriellen Erzeugung von untergärigem Bier war **Anton Dreher** in Wien.

Da es nunmehr auch möglich war, Bier mit den neuen Verkehrsmitteln Bahn, Lastkraftwagen und Dampfschiffen zu transportieren, verschwanden allmählich die kleinen Brauereien in den einzelnen Orten. Einheitlich gute Biere konnten in ganz Europa und auch nach Übersee versandt werden, wobei aber auch der individuelle Geschmack so mancher Biere verlorenging.

So liegt es auf der Hand, daß sich viele Leute heute fragen, wie man etwas ganz Spezielles erzeugen könne, vielleicht Bier in den eigenen vier Wänden? Mein eigenes Bier mit meiner eigenen, unverwechselbaren Geschmacksnote?

Dieses Buch versucht, jene Tradition des häuslichen Bierbrauens wiederzubeleben, die spätestens nach dem Zweiten Weltkrieg verlorenging – im Unterschied zu den Entwicklungen in Belgien, England oder den Vereinigten Staaten von Amerika, wo sehr viele Bierliebhaber sich nach wie vor ihr eigenes Bier brauen.

Gerade in einer Zeit, in der eine zunehmende Rückbesinnung auf **Naturprodukte** stattfindet, liegt das Selberbrauen von Bier für den Eigenbedarf oder für Freunde anläßlich einer Bierparty voll im Trend der Zeit. Brauereien in den eigenen vier Wänden

11

Biertransport durch Ochsen

werden gewiß den großen industriellen, gewerblichen Brauereien keine nennenswerte Konkurrenz machen; im Sinne einer größeren Bereicherung der Geschmacksvielfalt des ziemlich einheitlichen Bierangebotes sind alle diese Bestrebungen zu begrüßen, und wie die stürmische Entwicklung im Bereich der **Hausbrauereien** zeigt, sucht der Bierliebhaber des ausgehenden 20. Jahrhunderts genau diese Vielfalt.

Auch wenn sich die technische Ausstattung einer großen Brauerei von Ihren „Sudtöpfen" am Herd ganz wesentlich unterscheidet, blieb der bei der Bierherstellung ablaufende **biochemische Prozeß** seit Jahrtausenden unverändert. Bier, nach dem bereits angesprochenen „Deutschen Reinheitsgebot" gebraut, ist ein Naturprodukt, das – wie viele Untersuchungen zeigen – fast mit keinen Schadstoffen belastet ist und das, freilich nur in Maßen konsumiert, nicht nur ein hochwertiges Lebensmittel, sondern auch ein erfrischendes, durstlöschendes Getränk mit nicht unbedeutenden medizinischen Auswirkungen ist.

Bier ist aber nicht nur ein Getränk, sondern seit alters her auch ein wichtiges wirtschaftliches Produkt, das schon zu so manchen Konflikten geführt hat – Konflikte, die bis in die Gegenwart reichen, denken Sie nur an die Streitigkeiten, die in der Europäischen Union ausgelöst wurden betreffend die Zulassung von Bieren aus anderen Ländern der EU für den deutschen Markt, die nicht nach den strengen Bestimmungen des „Deutschen Reinheitsgebotes" gebraut werden.

Eine dekorative Hausbrauerei

Wie das Pier summer vñ winter auf dem Land sol geschenckt vnd prauen werden

Item Wir ordnen/setzen/vnnd wöllen/ mit Rathe vnnser Lanndtschafft / das füran allennthalben in dem Fürsten-thumb Bayrñ/auff dem lande/ auch in vnsern Stettñ vñ Märckthen/da deßhalb hieuor kain sonndere ordnung ist / von Michaelis biß auff Georij / ain maß oder kopffpiers über ainen pfenning Müncher werung/ vñ von sant Jor-gen tag/biß auff Michaelis / die maß über zwen pfenning derselben werung / vnd der enden der kopff ist / über drey haller/bey nachgesetzter Pene/nicht gegeben noch außge-schenckht sol werden.   Wo auch ainer nit Mertzñ / sonder annder Pier prawen/oder sonst haben würde/sol Er d och das/kains wegs höher/dann die maß vmb ainen pfenning schencken/vnd verkauffen. Wir wöllen auch sonderlichen/ das füran allenthalben in vnsern Stetten/Märckthen/vñ auff dem Lannde/zů kainem Pier/merer stückh / dañ al-lain Gersten/Hopffen/vñ wasser/genomen vñ gepraucht sölle werdñ. Welher aber dise vnsere Ordnung wissentlich überfaren vnnd nit hallten wurde / dem sol von seiner ge-richtzöbrigkait / dasselbig vas Pier/zůstraff vnnachläß-lich/ so offt es geschicht / genommen werden . Jedoch wo ain Gräuwirt von ainem Pierprewen in vnnsern Stettñ/ Märckten/oder aufm lande/yezůzeitñ ainen Emer piers/ zwen oder drey/kauffen / vnd wider vnntter den gemayn-nen Pawrsuolck außchenncken würde/ dem selben allain/ aber sonnßt nyemandts/sol dye maß / oder der kopffpiers/ vmb ainen haller höher dann oben gesetzt ist/ zegeben/ vñ/ außzeschencken erlaubt vnnd vnuerpotñ .

Urkunde des „Reinheitsgebotes" von 1516

ROHSTOFFE

Sie haben sicher schon festgestellt, daß Bier nicht gleich Bier ist, obwohl die Rohstoffe **Wasser, Malz, Hopfen** und **Hefe** vorgegeben sind. Es ist eigentlich erstaunlich, welche Sortenvielfalt sich aus diesen vier Grundstoffen herstellen läßt – vom herben „Pils" bis zum dunklen „Malzbier", vom hellen „Champagnerweißbier" bis zum dunklen „Altbier", bei nur geringen Varianten in der Zusammensetzung und Menge dieser Zutaten.

Bei Ihren ersten Brauversuchen werden Sie erkennen, daß Sie, auch wenn Sie die Angaben über Mengen, Zeit, Temperatur, Gärung und Lagerung genau gleich belassen, nie – oder nur sehr selten – zwei gleichschmeckende Biere brauen werden. Während sich Großbrauereien mit modernen Laboreinrichtungen, Wasseraufbereitungsanlagen und dem Einkauf größerer Mengen von Rohstoffen behelfen können und damit eine annähernd gleichbleibende Qualität ihrer Biere garantieren, sind Sie bei Ihrem Brauen zu Hause noch viel mehr von der Qualität der einzelnen Rohstoffe abhängig.

Können Sie sich etwa bei der „**Aufbereitung**" Ihres Brauwassers beispielsweise mit biologischer Milchsäure behelfen, so fehlt Ihnen doch jegliche Einflußnahme auf Malz und Hopfen, da es sich bei diesen beiden Rohstoffen um Naturprodukte handelt, die von Jahr zu Jahr – je nach Witterungsverhältnissen, Bodenbeschaffenheit, Lagerung und Weiterverarbeitung – anders beschaffen sind. Diese von Ihnen nicht zu beeinflussenden Faktoren haben aber entscheidende Auswirkungen auf den Geschmack und die Qualität des Endproduktes Bier.

Malz und Hopfen sind auch nicht unbegrenzt lagerfähig; vielmehr verlieren sie mit der Zeit sehr stark an Qualität, so daß wir Ihnen die Verwendung möglichst frischer Ware (z. B. geschrotetes Malz vakuumverpackt) empfehlen.

Jeder Brauvorgang in den Dimensionen, die in diesem Buch vorgestellt werden, ist ein Versuch, aus den gegebenen Rohstoffen das beste Endprodukt herzustellen. Um in Zukunft Fehler vermeiden zu können, aber auch um im Nachhinein die Rezeptur eines besonders gelungenen „Sudes" nachvollziehen zu können, empfehlen wir Ihnen unbedingt, ein **Brauprotokoll** über jeden Brauvorgang zu führen (das Muster eines solchen Brauprotokolles finden Sie auf Seite 66).

Wie bei allen Tätigkeiten, macht auch beim Brauen Übung den Meister, und Sie werden sehen, wie rasch Sie sich einen Erfahrungsschatz aneignen und damit für weitere Brauversuche bestens gerüstet sind. Lassen Sie sich nicht verunsichern: es gibt nicht „**das Bier**". Brauen Sie das Ihnen am besten schmeckende Bier, und lernen Sie nach dem Motto „Versuch und Irrtum". Es ist noch kein Braumeister vom Himmel gefallen; immerhin können Sie den Beruf des Brauers ja auch nur nach einer einschlägigen Lehre oder nach einem abgeschlossenen Universitätsstudium antreten.

> Bierbrauen ist angewandte Biotechnologie. Der Brauer setzt natürliche Vorgänge dazu ein, um aus natürlichen Rohstoffen ein natürliches Getränk zu brauen.

WASSER

Der allerwichtigste Rohstoff zur Bierbereitung ist das **Wasser.** Die Güte eines Bieres hängt vorwiegend von der **Qualität des Brauwassers** ab. Es ist daher kein Zufall, daß es früher – trotz Unkenntnis dieses Sachverhaltes und ohne chemische Analysen des Wassers – in manchen Gegenden besonders gute Biere gab, beispielsweise das **„Pilsner"** in Pilsen, welches einst wie heute weltberühmt ist und dessen guter Ruf fast ausschließlich auf die hervorragende Wasserqualität des Brauwassers zurückzuführen ist. Heute kann man mit Hilfe modernster chemischer Analysen die Qualität des Wassers bestimmen und mit verschiedenen technischen und chemischen Methoden das Brauwasser aufbereiten. Leider ist es infolge der gewaltigen Umweltverschmutzung kaum mehr möglich, Wasser in seinem ursprünglichen Zustand für Brauzwecke zu verwenden, daher wird es in allen Brauereien mittels Filter, Wasserenthärtungsanlagen und Phosphatausscheidern (Ionentauscher) chemisch aufbereitet. Brauwasser soll weich und nicht über 10 deutsche Härtegrade sein, frei von Nitraten, Magnesium, Schwefel und organischen Verunreinigungen. Der Härtegrad bezeichnet den Gehalt an verschiedensten Salzen und Mineralstoffen, die völlig natürlich aus dem Boden gelöst werden. Die Eigenheiten der Wässer sind für den individuellen Geschmack jedes Bieres mitverantwortlich und nicht zuletzt auch bestimmend für die Bierqualität.

Der **pH-Wert** (Säurewert) des Brauwassers soll nicht über 5 liegen, da bei höheren Werten die Enzyme den Stärke- und Eiweißabbau nicht so stark vollziehen wie bei niedrigen pH-Werten. Der pH-Wert beeinflußt entscheidend die Tätigkeit der Enzyme des Bieres und damit die Ausbeute des „Sudes".

	sauer	neutral	laugenhaft
pH-Wert	3 4 5 6	7	8 9

Bei höheren Werten ist es für den Hobby-Bierbrauer das einfachste, den pH-Wert des Wassers durch **biologische Säuerung** (lebensmittelechte Milchsäure) auf den gewünschten niedrigen pH-Wert zu bringen.

Den Härtegrad Ihres Wasses können Sie über Ihr Wasserwerk erfragen, wo man Ihnen auch den pH-Wert bekanntgeben wird. Den pH-Wert Ihres Brauwassers selber prüfen können Sie mit im Handel erhältlichem **pH-Indikatorpapier** zur Bestimmung des Säuregrades von Flüssigkeiten. Auf Seite 17 sehen Sie ein solches Teststreifchen, welches

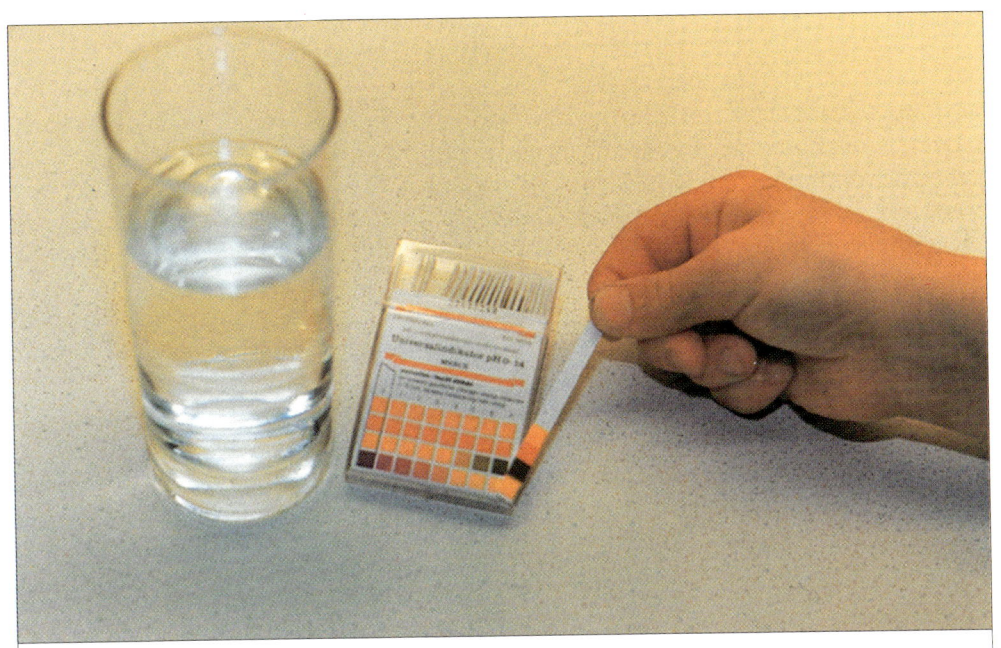

Testen des Brauwassers mittels pH-Indikatorstreifens

Hopfen: Naturhopfen, Pellets in verschiedenen Größen

ins Brauwasser gehalten wird. Anschließend wird die Farbe an der Skala der Schachtel mit dem Farbton des Teststreifens verglichen.

Bei stark verunreinigtem Wasser bzw. in Gegenden, in denen das Wasser vor der Verwendung bereits öfters aufbereitet wurde, ist es eventuell sogar notwendig, Tafelwasser (ohne Kohlensäure) oder Mineralwasser (mit oder ohne Kohlensäure) als Brauwasser zu verwenden.

Brauereien wissen um die Bedeutung von einwandfreiem Wasser zur Herstellung von Bier und verfügen daher zumeist über eigene Brunnen, womit sie einen optimalen Rohstoff für ihre Produktion besitzen. Sie scheuen auch keine Kosten und Mühen, Brauwasser über weite Strecken zu transportieren.

Wasser wird beim Herstellen von Bier aber nicht nur als Brauwasser, sondern auch zu Reinigungs- und Kühlzwecken verwendet. Auf die mit der Reinigung der Braugeräte einzuhaltenden Hygienevorschriften wird noch gesondert eingegangen werden.

HOPFEN

Hopfen ist ein **Maulbeergewächs,** das als Feldfrucht in Hopfengärten angebaut wird. Er enthält bitter schmeckende Stoffe, die dem Bier Würze und Haltbarkeit verleihen. Für die Biererzeugung verwendet man ausschließlich die nicht befruchteten weiblichen Dolden dieser Schlingpflanze.

Bereits die Babylonier und Ägypter verwendeten Hopfen; die Germanen jedoch vorerst die bittere Eichenrinde. In der Frühzeit bediente man sich des Hopfens vorwiegend dazu, das Bier haltbar zu machen, ohne zu wissen, daß er antibakteriell wirkt.

Heute kommt Hopfen hauptsächlich wegen seines edlen, bitteren Geschmackes, der dem Bier den typischen Charakter verleiht, zur Anwendung. Hopfen bewirkt ferner eine bessere Eiweißausscheidung beim Brauprozeß, und es kommt beim fertigen Bier zu weniger physikalisch bedingten Trübungen. Er beeinflußt darüber hinaus die Konsistenz des Bierschaumes, und durch seine stabilisierende Wirkung wird das Bier länger haltbar.

Sämtliche Wirkstoffe des Hopfens sind bisher noch nicht restlos analysiert und erforscht worden.

Für Brauzwecke gibt es Hopfen in **getrockneter Form,** als **Pulver** oder in sogenannten „Pellets" (gepreßte kleine, zigarettendicke Stangen). Die **Form** der Hopfenzugabe im Brauvorgang hat auf die Qualität des Bieres keinen Einfluß, sehr wohl aber gibt es Qualitätsunterschiede je nach Anbaugebiet des Hopfens. **Vorsicht daher bei der Hopfenzugabe zur Würze!** Gerade die richtige Dosierung des Hopfens erfordert sehr viel Fingerspitzengefühl und Erfahrung. Als Grundregel gilt: je mehr Hopfen, desto herber, bitterer wird das Bier; je weniger Hopfen, desto milder, malziger schmeckt es. Auch hier gilt wieder: „Probieren geht über Studieren"! Gerne wird Ihnen Ihr Lieferant des Hopfens oder ein Braumeister Auskunft über Qualität und Intensität des verwendeten Hopfens geben (siehe Bezugsquellenverzeichnis Seite 113ff.).

Die gepreßten Hopfenpellets und das Hopfenpulver sind viel intensiver als der getrocknete Hopfen. Bei den Angaben im Rezeptteil gehen die Autoren von Hopfenpellets aus, da diese zur Verarbeitung zu Hause besser geeignet sind. Sie bilden beim Filtern weniger Rückstände und erleichtern damit den Filtervorgang. Die getrockneten Hopfenblätter verstopfen das Gewebe beim Filtern der Würze leichter.

Frischer Hopfen ist ein besonders heikles Agrarprodukt: Wird er zu warm oder nicht luftdicht gelagert, verliert er innerhalb eines Jahres bis zu 35 Prozent seines Brauwertes, da die flüchtigen, feinen Aromen verlorengehen.

Im fertigen Bier verbleiben ungefähr 20 Prozent der Hopfenbitterstoffe. Sie sind, wie bereits erwähnt, nicht nur für den Geschmack, sondern auch für die Haltbarkeit des Bierschaumes verantwortlich. Die Hopfenöle verleihen dem Bier sein Aroma, und die Gerbstoffe wirken sich positiv auf die Haltbarkeit aus. Auch die antiseptische Wirkung der Lupulin(Bitterstoffe)-Körner, die im Bier die Vermehrung von Milchsäurebakterien verhindert, ist für die Biererzeugung nicht unwesentlich.

MALZ

Malz wird aus zweizeiliger Sommergerste **(Braugerste)** erzeugt, welche sich von der Futtergerste dadurch unterscheidet, daß sie mehr Stärke enthält, die im Brauprozeß in Maltose (Malzzucker) umgewandelt wird.

Futtergerste hingegen weist weniger Stärke, aber mehr Eiweiß auf und eignet sich ferner für die Ernährung von Tieren.

Maltose und **Dextrine** sind jene Bestandteile des Malzes, die sich aus der im Malz vorhandenen Stärke bilden, sich dann im Endprodukt Bier wiederfinden und denen die Nahrhaftigkeit des Bieres nachgesagt wird, wie bereits die **hl. Hildegard von Bingen** im Mittelalter wußte. Die Nahrhaftigkeit des Bieres wird übrigens maßlos überschätzt; vielmehr wird durch die appetitanregende Wirkung des Bieres mehr feste Nahrung zu sich genommen, was in der Folge zur Gewichtszunahme führt. Bier an sich ist auf keinen Fall „flüssiges Brot" oder eine „Kalorienbombe"!

Der Stärkeabbau des Malzes wird durch zwei verschiedene Enzyme ermöglicht:

19

Bier hat wenig Kalorien

Getränke	Kalorien/100 g	Joule/100 g
Lager-/Märzenbier 12 Grad	45	188
Spezialbier 13 Grad	49	205
Limonade	45–60	188–251
Wein	60–65	251–272
Vollmilch	65	272
Sekt	100–130	419–544
Süßwein	150	628
Whisky	300	1256

Quelle: Alkohol und Recht, „Reader's Digest"

Alphaamylase und **Betaamylase;** sie arbeiten bei verschiedenen Temperaturen. **Enzyme** sind Biokatalysatoren, die in lebenden Zellen erzeugt werden, biochemische Prozesse auslösen oder beschleunigen, wobei sie selbst unverändert bleiben.

In gut bearbeitetem Malz sind viele Enzyme vorhanden, welche bei bestimmten Temperaturen des Brauvorganges aktiv werden und dann die Stärke in Zucker umwandeln. Je mehr Enzyme das Malz enthält, desto besser gelingt die „Würze" und, daran anschließend, das Bier. Es gibt helles und dunkles Malz, abhängig von Art und Dauer des Malzvorganges.

Da nach dem „Deutschen Reinheitsgebot" für die Bierherstellung nur Gerstenmalz verwendet werden darf – eine Ausnahme bildet lediglich Weizenmalz für die Herstellung von Weizenbier –, sei hier nur ganz kurz auf den Malzvorgang eingegangen, der aber für das Bierbrauen zu Hause zu zeitintensiv und umständlich ist. Selbst die meisten Großbrauereien besitzen heute keine eigenen **Mälzereien** mehr, sondern überlassen das Mälzen darauf spezialisierten Betrieben.

Für das Brauen zu Hause beziehen wir unser Malz geschrotet und vakuumverpackt oder als ganze Malzkörner (vom einschlägigen Fachhandel, von einer Mälzerei oder bei einer Brauerei; siehe Bezugsquellenverzeichnis Seite 113ff.).

Für erste Brauversuche eignet sich auch **Flüssigmalz,** welches Sie in Drogerien und Reformhäusern erhalten, doch werden Sie bald zu „echtem" Malz übergehen.

Mälzen

Zum Verständnis sei hier nur kurz und sehr vereinfacht das Verfahren der Malzherstellung (Mälzen) erklärt:

Braugerste wird in Wasser eingelegt, quillt dadurch auf und wird anschließend bei einer Temperatur von 12–16° C zum Keimen gebracht.

Während des Keimprozesses wird dieses „grüne" Malz durch ständige Bewegung umgeschichtet und nach einigen Tagen getrocknet **(gedarrt)**. Früher erfolgte diese Trocknung über offenem Feuer, was dem Malz einen „rauchigen" Geschmack verlieh, heute durch Heißluft. Dunkles Malz wird beispielsweise länger und heißer (105° C) gedarrt als helles (80° C).

Die Malzkörner werden vor dem eigentlichen Brauvorgang zerkleinert **(geschrotet)**, damit sich die Inhaltsstoffe des Malzes im Brauwasser besser lösen. Für unsere Mengen am besten geeignet sind handelsübliche **Getreide-** oder **Kaffeemühlen** (händisch auf der gröbsten Stufe) bzw. Aufsätze auf **Küchenmaschinen,** welche eine grobe Schrotung des Malzes erlauben. Weniger geeignet sind elektrische Kaffemaschinen, da in ihnen die Malzkörner zu stark zerkleinert werden.

Selbstverständlich erhalten Sie über den Fachhandel bereits geschrotetes Malz vakuumverpackt und ungeschrotetes Malz lose. Sollte sich in Ihrer Nähe eine „Hausbrauerei" befinden, fragen Sie doch den Wirt oder Braumeister, ob er Ihnen eine kleine Menge Malz für Ihren „Sud" zu Hause überläßt. Das gleiche gilt auch für Hopfen und Hefe, die Sie ebenfalls von Ihrem „Kollegen" in Kleinmengen beziehen können.

Karamelmalz

Sie werden bei den Rezepten im Rezeptteil manchmal die Angabe „Karamelmalz" finden. Dieses speziell behandelte Malz ist im Fachhandel erhältlich und verleiht dem Bier den **vollmundigen Geschmack** (Zugabe max. 20 Prozent der Maische).

Weizenmalz

Das „Deutsche Reinheitsgebot" erlaubt als einzige Ausnahme zum Brauen von obergärigem **Weizenbier** die Zugabe einer gewissen Menge Weizenmalz (max. 30 Prozent der Maische).

Der Malzvorgang

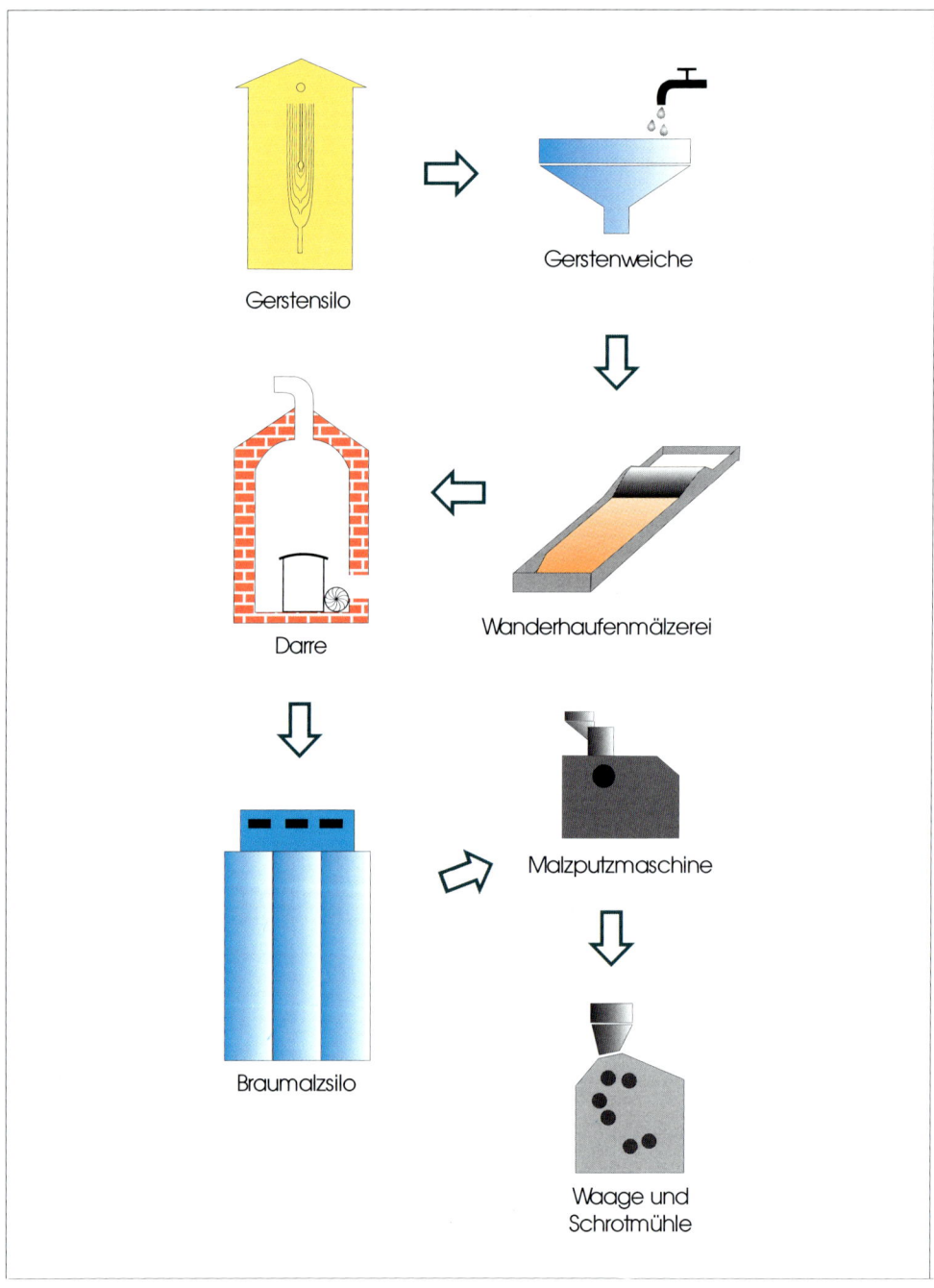

Gerstensilo

Gerstenweiche

Wanderhaufenmälzerei

Darre

Braumalzsilo

Malzputzmaschine

Waage und
Schrotmühle

Flüssigmalz

Für erste Brauversuche eignet sich auch Flüssigmalz. Diese sirupartige Flüssigkeit ist in Blechdosen bzw. Glasgläsern erhältlich (siehe dazu das erste Braurezept Seite 75).

Andere Malzarten

Sicher kennen Sie Spezialbiere, die im Handel angeboten werden und andere Zutaten enthalten.
In den Vereinigten Staaten und Mexiko wird **Mais** zur Bierherstellung verwendet. In Afrika ist es **Hirse,** in Asien **Reis** und **Maniok.** Bis zur Einführung des „Reinheitsgebotes" wurde auch in Deutschland Bier aus **Hafer** und anderen Rohstoffen gebraut.

HEFE

Hefen sind **Mikroorganismen,** die erst bei 800facher Vergrößerung unter dem Mikroskop gut sichtbar werden. Die für die Biererzeugung verwendeten Hefen werden seit dem 19. Jahrhundert in speziellen Labors in Reinkulturen gezüchtet. Bis zu diesem Zeitpunkt kam es zur Gärung des Bieres mehr oder weniger zufällig durch die in der Luft enthaltenen **„wilden" Hefen.**
Hefe hat die Eigenschaft, Malzzucker bei den entsprechenden Temperaturen in Alkohol und Kohlensäure (CO_2) umzuwandeln. Es gibt zwei Arten von Hefen, die **untergärigen** (Saccaromyces carlsbergensis), die bei einer Temperatur von 5–10° C und bei einem pH-Wert von 4–5 arbeiten, und die **obergärigen** Hefen (Saccaromyces cerevisiae), die bei einer Temperatur von 15–20° C und einem pH-Wert von 4–5 aktiv werden. Untergärige Hefen setzen sich nach Beendigung des Gärprozesses am Boden des Gärbottichs ab (daher auch der Name „untergärig"), während sich obergärige Hefen an der Oberfläche des Gärbottichs als Schaum absetzen und abgeschöpft werden. Bei letzteren vollzieht sich der Gärprozeß rascher, ca. in 2–3 Tagen; untergärige Hefen hingegen gären 7–8 Tage. Untergärig gebraute Biere sind z. B. „Märzen", „Spezial", „Pilsner", „Dunkel", „Export" und „Bock"; obergärig gebraute englisches „Ale", „Berliner Weiße", „trübe Weizenbiere" und „klare Champagnerweiße" oder „Altbier".
In diesem Buch erfolgt die Beschränkung bei der Gärung auf die „ursprünglichen" obergärigen Hefen, da in der Praxis zu Hause Sie die Kühlung der Würze auf die für untergärige Hefen notwendigen Gärtemperaturen (5–10° C) in Ihrem Keller vor schwer lösbare Kühlprobleme stellen würde.

Malz: ungeschrotet; geschrotetes helles und Karamelmalz

Trockenreinzuchthefe

Selbstverständlich können die im Rezeptteil angeführten Biere auch mit untergärigen Hefen oder im Winter bei entsprechend niedrigen Außentemperaturen mit untergärigen Hefen gebraut werden. Zwar verlängert sich dann der Gärprozeß, dafür steigen aber Haltbarkeit und Lagerfähigkeit dieser Biere.

In Großbrauereien wird heute mit Ausnahme von Spezialbieren (Weizenbieren, Altbieren) wegen der bereits angesprochenen besseren Lager- und Transportfähigkeit dieser Biere fast nur mehr untergärig gebraut.

Wichtiger als die Art der Hefen ist für das Bierbrauen zu Hause die verfügbare Form der Hefe. Grundsätzlich unterscheidet man zwei Formen: **flüssige Hefe** und **Trockenhefe.**

Flüssighefe

ist eine **bräunliche Flüssigkeit,** die bereits sehr intensiv nach Bier riecht. Diese Form der Hefe kann der Würze in den für die Vergärung angegebenen Mengen ohne weitere Vorbehandlung beigegeben werden.

Trockenhefe

Ähnlich den für die Erzeugung von Kuchen und Gebäck verwendeten Backhefen (Verwandte der Bierhefe) gibt es auch speziell gezüchtete Bierhefen, denen in einem Trocknungsprozeß die Flüssigkeit entzogen wurde. Diese Trockenhefen – sie sind, praktisch verpackt, in Plastiksäckchen erhältlich – müssen vor dem Gärvorgang und dem Beigeben zur Würze mit Wasser „neu belebt" werden. Den Beipackerklärungen dieser Trockenhefesäckchen können Sie die angegebene **Quillzeit** und die beizufügende Wassermenge entnehmen; ferner auch für welche Mengen Bier die jeweilige Hefepackung ausreicht.

Da Trockenhefen durch Transport und unsachgemäße Lagerung in ihrer Gärwirkung leiden können, empfiehlt es sich, sie bereits einige Stunden vor dem Gärprozeß in Wasser aufzulösen, damit Sie sehen können, ob die Hefezellen auch tatsächlich arbeiten.

Hierzu ein Tip: Wenn Sie sich nicht ganz sicher sind, ob Ihre Trockenhefen arbeiten, fügen Sie aufgekochtes (sterilisiertes) und anschließend wieder auf Quilltemperatur der Hefe abgekühltes Wasser (0,1 l und 1 Teelöffel Zucker) der Hefe bei. Da sich Zucker in Alkohol und Kohlensäure umwandelt, müßten nach einiger Zeit (1–2 Stunden) Bläschen auf der Hefeflüssigkeit erscheinen. Mit diesem Test haben Sie die Garantie, daß diese Hefe Ihre Würze dann in Bier verwandeln wird, auch wenn die Zuführung von fremdem Zucker nicht ganz dem „Deutschen Reinheitsgebot" entspricht.

In Brauereien wird, da sich Hefe durch die Umwandlung von Malzzucker in Alkohol und Kohlensäure sehr stark vermehrt (es entsteht mehr Hefe, als zugegeben wurde), diese überschüssige Hefe abgeschöpft und für weitere Gärungen verwendet. Bei obergäriger Gärung wird der Schaum vorsichtig aus dem Gärbottich abgeschöpft, bei untergärigen Hefen lagern sich diese am Boden des Gärbottichs ab und werden von dort entnommen.

Zu Hause machen wir es genauso; die auf diese Weise neu gewonnene Hefe läßt sich, abgefüllt in ein Glasgefäß oder in eine Glasflasche, mehrere Wochen lang im Kühlschrank lagern. Eventuell testen Sie vor dem nächsten Brauvorgang mit dem oben angeführten Test (Zuckerlösung), ob die Hefe noch aktiv ist.

Durch die starke Vermehrung der Hefen im Verlauf des Brauvorganges können Sie **drei- bis viermal** soviel Hefe vom Boden Ihres Gärbehälters oder von der Oberfläche des Bieres „ernten", als Sie ursprünglich der Würze beigegeben haben. Man könnte also, theoretisch, mit diesen Hefen in alle Ewigkeit weiterbrauen. Da die Hefe aber bei mehrmaliger Verwendung degenerieren kann, wird sie in Brauereien nicht öfter als dreimal verwendet.

Die Bierhefe ist die reichste Quelle für die Vitamine B1 und B2.

ZUSATZSTOFFE

Zucker

Die einzigen nach dem „Deutschen Reinheitsgebot" bedingt zulässigen Zusatzstoffe sind Zucker und Zuckercouleur zum Färben des Bieres (bei obergärigen Bieren).

Der Zucker wird wie der im Malz enthaltene Malzzucker beim Gärprozeß in Alkohol und Kohlensäure umgewandelt. **Zucker** könnte daher theoretisch das **Malz ersetzen.** Viele Inhaltsstoffe sind jedoch an das Malz gebunden, so daß „vergorenes Zuckerwasser" nicht wie Bier schmeckt.

Sollten Sie Zucker beigeben wollen, machen Sie dies bei der Maische, damit über die Enzyme des Malzes eine Aufspaltung des Zuckers erreicht wird.

Zuckercouleur

Zuckercouleur (Sinamar) wird zum **Färben** des Bieres verwendet. Je nach beigegebener Menge färbt sich das Bier dunkler.

„Echtes dunkles" Bier hingegen wird aus dunklem Malz gebraut, schmeckt auch anders als das mit Zuckercouleur gefärbte helle Bier.

Zuckercouleur kann zu Hause jederzeit selbst hergestellt werden. **Kristallzucker** wird in einer Pfanne bei leichter Hitze erwärmt. Der Zucker wird flüssig und beginnt sich braun zu färben. Ständiges Rühren verhindert sein Anbrennen. Diese sirupartige Masse (riecht wie Karamelbonbon) wird mit Wasser gelöscht und durch Verrühren aufgelöst. Je nach gewünschter Farbe wird von diesem Zuckercouleur der Würze beim Kochen beigegeben.

In Flaschen abgefüllt, können Sie diese Zuckercouleurlösung einige Wochen im Kühlschrank lagern.

DER BRAUVORGANG IN DER BRAUEREI

Auf den Seiten 30 und 34 sehen Sie jeweils eine **grafische Darstellung** der einzelnen Arbeitsabläufe bei der Biererzeugung, zuerst anhand einer Schautafel für eine Brauerei, dann für das Bierbrauen zu Hause.

Hier wollen Ihnen die Autoren einen ersten groben Überblick über den Ablauf des Brauprozesses geben, damit Sie in kurzen Zügen die einzelnen Stadien des Brauens kennenlernen. Alle diese Arbeitsschritte werden in Brauereien mit höchstem technischem Aufwand, unter ständiger, z. T. computerunterstützter Überwachung, unter Beachtung der entsprechenden Hygienemaßnahmen und mit großem finanziellem Aufwand durchgeführt. Sie sind beim Brauen zu Hause im wesentlichen gleich, auch wenn sich die dafür erforderlichen Geräte von den Dimensionen her mit den industriellen Anlagen absolut nicht vergleichen lassen.

Im Anschluß an diesen theoretischen Teil stellen Ihnen die Autoren die einzelnen Vorgänge – vom **Schroten** über das **Maischen**, das **Läutern**, das **Abkühlen**, das **Filtern**, das **Vergären** und das **Abfüllen** des Bieres – ausführlich und auf die Verhältnisse zu Hause abgestimmt vor.

Das von der Mälzerei angelieferte Malz wird in der Brauerei vor dem eigentlichen Brauvorgang zerkleinert **(geschrotet)** und anschließend in einer Maischpfanne bei einer Temperatur von 35–50°C unter ständigem Rühren mit dem Brauwasser vermischt **(eingemaischt).**

Nach dem Erreichen der festgesetzten Einmaischtemperatur erfolgt eine kurze sogenannte **Eiweißrast** von ca. $\frac{1}{4}$ Stunde. Unter weiterem Rühren – damit das Malz nicht anbrennt und sich die Bestandteile und Inhaltsstoffe besser im Wasser lösen – wird nun die Temperatur auf 64–66°C erhöht; es erfolgt wieder eine Rast von ca. $\frac{1}{2}$ Stunde. Während dieser Zeit bildet sich aus dem Malz Maltose (Malzzucker).

Nach dieser sogenannten **ersten Verzuckerungsrast** wird die Temperatur der Maische auf 72°C erhöht. Während der nun folgenden Rast von einer weiteren $\frac{1}{2}$ Stunde kommt es zur Dextrinbildung.

Nach Ende dieser **zweiten Verzuckerungsrast** wird mittels eines Tropfens Jod, der in eine der Maische entnommene Probe gegeben wurde, festgestellt, ob bzw. wieweit eine Verzuckerung des Malzes stattgefunden hat **(Jodprobe).**

Nach diesen beiden Verzuckerungsrastzeiten beendet man den Maischvorgang, indem man die Temperatur auf 78°C erhöht. Bei einer höheren Temperatur würden die Enzyme des Malzes zerstört werden.

An den Maischvorgang schließt sich der **Läuterprozeß** an, der in den Brauereien in einem eigenen Läuterbottich erfolgt. Nun kommt es zur Trennung der flüssigen Würze vom festen Malzschrot.

Der flüssige Teil der Maische wird in der Folge unter Beigabe von Hopfen – jetzt bereits als **Würze** bezeichnet – $1\frac{1}{2}$ Stunden gekocht; der feste Rückstand **(Treber)** findet als hochwertiges Futtermittel für Mastzwecke Verwendung.

Das Kochen der Würze erfolgt in den Brauereien im **Sudhaus** in einer eigenen Sud-

Brauvorgang in der Brauerei

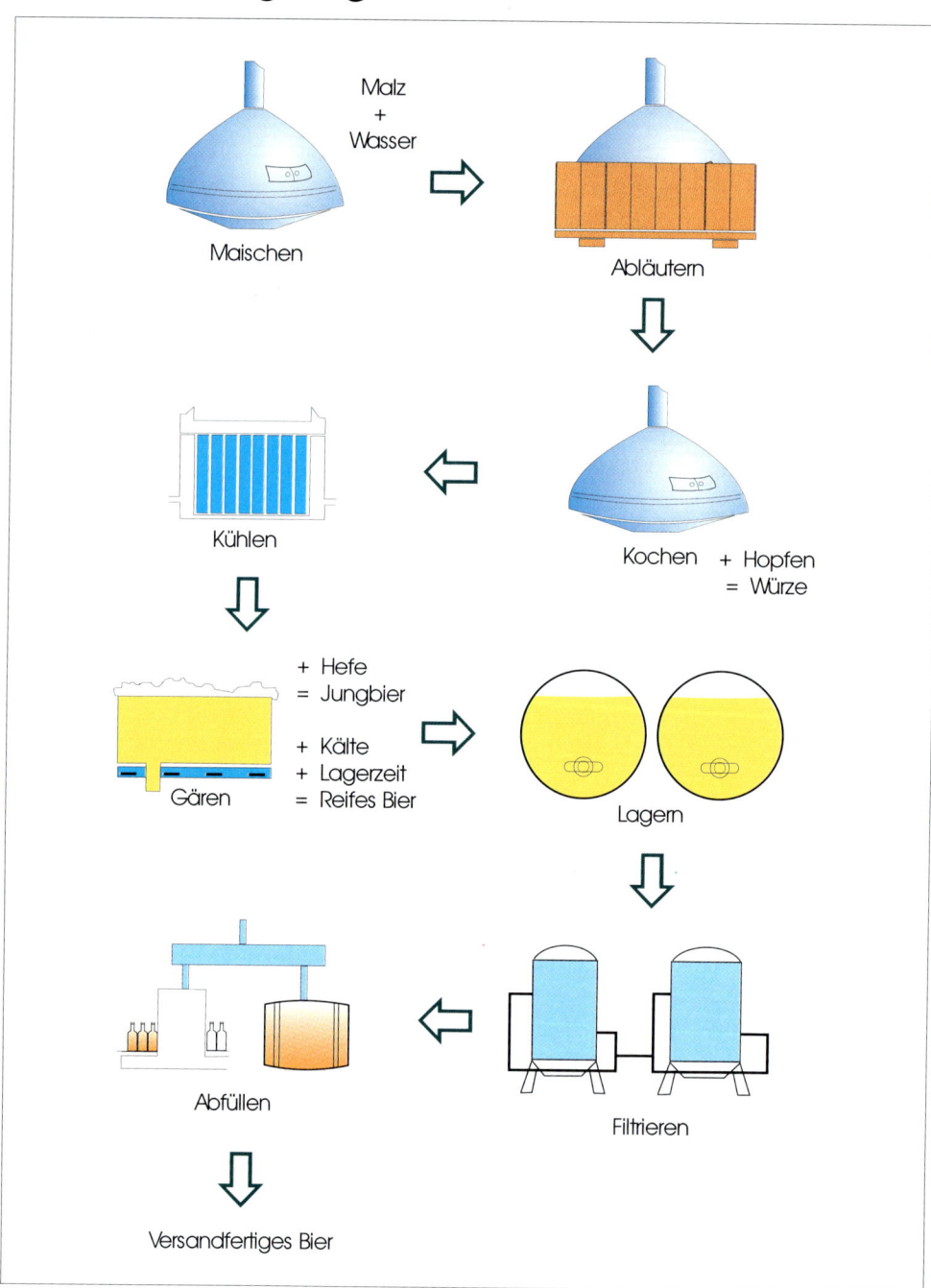

Maischen

Malz + Wasser

Abläutern

Kühlen

Kochen + Hopfen = Würze

Gären
+ Hefe = Jungbier
+ Kälte
+ Lagerzeit
= Reifes Bier

Lagern

Abfüllen

Filtrieren

Versandfertiges Bier

pfanne, während wir beim Brauen zu Hause für Maische und Sud das gleiche Gefäß verwenden.

Die beim Kochen gebildeten Heiß- bzw. Kalttrübstoffe werden mittels Zentrifuge (Whirlpool oder Flotationstanks) entfernt. Durch Leitungen gelangt das auf Gärtemperatur abgekühlte Bier nach Beigabe der Hefe in Gärbottiche (offen) oder Gärtanks (geschlossene Behälter).

Im Gärkeller erfolgt nun, je nach angewandtem Gärverfahren, eine obergärige Vergärung der Würze durch Beigabe von obergäriger Hefe bei einer Temperatur von 15–20°C oder, bei Beigabe von untergäriger Hefe, bei einer Temperatur von 4–8°C die Umwandlung der Würze in Bier. Obergärige Biere vergären in rund 2–3, untergärige in 7–8 Tagen.

In Brauereien wird dieses bereits fertige, aber noch **„junge" Bier** zur Nachreifung in **Lagertanks gelagert** (bis zu 6 Monaten), gefiltert, damit die Hefebestandteile und Schwebstoffe entfernt werden und das Bier völlig klar wird, dann noch über vollautomatische **Abfüllanlagen** in Fässer, Flaschen bzw. Container abgefüllt und mit Lkw oder anderen Transportmitteln an Gasthäuser, Geschäfte und an den Konsumenten geliefert.

DER BIERBRAUER IM MITTELALTER

DAS BRAUEN ZU HAUSE

Bevor Sie mit Ihrem ersten Brauversuch beginnen, lesen Sie dieses Kapitel bitte genau durch, und achten Sie darauf, daß Sie alle Zutaten, aber auch alle technischen Hilfsmittel, wie Töpfe, Stoffwindeln zum Filtern, Schlauch zum Abfüllen etc., griffbereit haben, damit Sie nicht während des Brauens, wenn die Maische oder die Würze heiß ist, feststellen müssen, daß eine Kleinigkeit fehlt, die Ihre ganzen bisherigen Anstrengungen zunichte machen kann.

Manche Arbeitsgänge müssen rasch durchgeführt werden, andere wieder erfordern das exakte Einhalten der angegebenen Temperaturen. **Nehmen Sie sich daher für das Brauen Zeit und Muße!**

Für gewisse Handgriffe ist es vorteilhaft, wenn Ihnen jemand hilft. Laden Sie sich daher einen Bekannten ein, oder brauen Sie gemeinsam mit Ihrem Partner! Beim Verkosten gibt es immer viele „Helfer" – warum nicht auch beim Brauen?

DIE ARBEITSRÄUME

Wie Sie im vorigen Kapitel gelesen haben, sind die Anlagen einer großen Brauerei, wie Sudhaus, Filteranlagen, Gärkeller und Abfüllstation, räumlich voneinander getrennt. Zu Hause stehen Ihnen diese Möglichkeiten der räumlichen Trennung nur in den seltensten Fällen zur Verfügung; Sie müssen daher mit den zur Verfügung stehenden Räumlichkeiten auskommen.

Überlegen Sie sich den **Ablauf des Brauvorganges** bei Ihnen zu Hause genau. Wahrscheinlich werden Sie in den meisten Fällen in der Küche brauen. Optimal ist dies, wie Sie gewiß bald feststellen werden, nicht, da Sie mit Ihrer „Biererzeugung" die **Küche** 4–6 Stunden blockieren.

Eine bessere Lösung ist ein **eigener Arbeitsraum,** in dem sich zumindest ein Wasseranschluß, ein Abfluß sowie eine Kochmöglichkeit befinden.

Hier können Sie sich ungestört ausbreiten und sind damit auch ungebundener als in der Küche.

KOCHSTELLEN

Ob Sie für das Einmaischen des Malzes und das Kochen der Würze einen **E-Herd** oder einen **Gasherd** verwenden, ist ziemlich gleichgültig und hängt weitgehend von Ihrer Küchenausstattung ab. Die Leistung der Geräte muß jedoch ausreichend sein, um die Würze über einen längeren Zeitraum kochen zu können. Reicht die Leistung dazu nicht aus, können Sie sich mit einem **Elektrotauchsieder** behelfen, den Sie zusätzlich

Das Brauen zu Hause

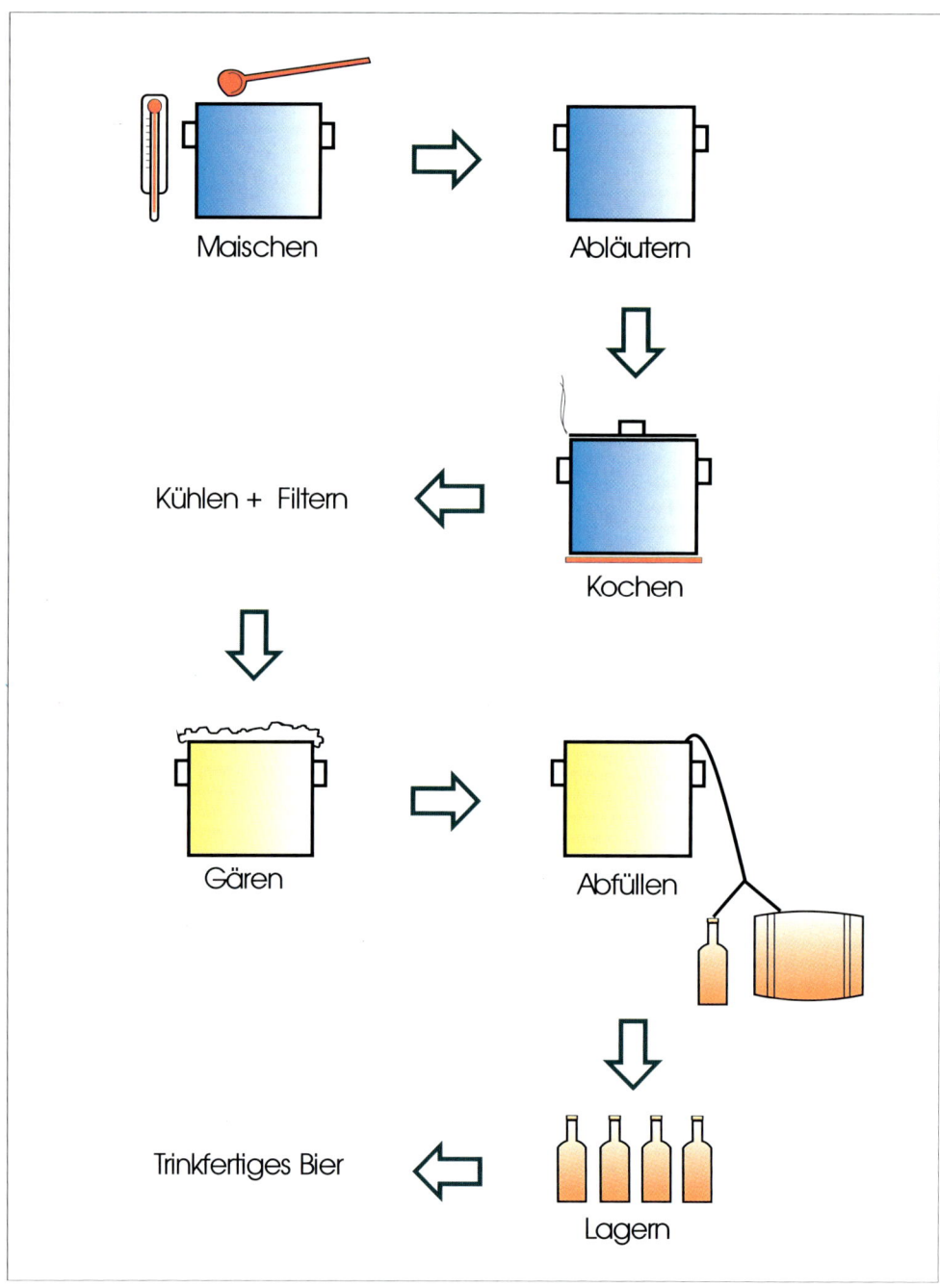

Maischen

Abläutern

Kühlen + Filtern

Kochen

Gären

Abfüllen

Trinkfertiges Bier

Lagern

in die Würze halten und damit das Kochen beschleunigen. Sehr gut eignen sich auch größere **Campinggasherde,** wie sie in Wohnwägen verwendet werden.

Der Vorteil eines Gasherdes liegt in der besseren Regulierbarkeit der Energiezufuhr. Die Temperaturen beim Maischen sind beim Gasherd exakter einzuhalten. E-Herde hingegen bieten den Vorteil, daß sie während der Rastzeiten die Restwärme der Platten besser nutzen.

HYGIENE

Bier wird unter Verwendung lebender Substanzen (Hefe) produziert. Daß Verunreinigungen, Schimmel, Bakterien und Schmutz daher zu Geschmacksbeeinträchtigungen bis hin zu Fehlgärungen führen, sei noch einmal kurz erwähnt. Achten Sie daher besonders im Brau- und Gärraum darauf, daß hygienisch möglichst einwandfreie Zustände herrschen. In der Luft sind noch genügend Keime und **„wilde" Hefen** vorhanden, die zu Beeinträchtigungen des Brau- bzw. Gärvorganges führen könnten.

Alle Geräte, die mit dem Bier direkt in Berührung kommen, sollten Sie peinlichst genau säubern und frei von Bakterien halten! Reinigen Sie Ihren Maische- und Sudtopf nach jedem Brauvorgang gründlich mit heißem Wasser! Spülen Sie dann gut mit kaltem Wasser nach. Vor jedem neuen Maischen spülen Sie wiederum diese Töpfe mit heißem und kaltem Wasser aus.

In Brauereien werden zum Reinigen der Braugeräte, Leitungen, Bottiche, Gärtanks u. dgl. **Spezialreiniger** verwendet. Nach dem Reinigen wird alles gründlich mit reichlich kaltem Wasser nachgespült. Bei unserem Brauen zu Hause können zur Reinigung ebenfalls diese im Gastronomiefachhandel erhältlichen Spezialreiniger verwendet werden. Die im Haushalt üblichen Reinigungs- und Geschirrspülmittel sind weniger gut geeignet, da deren Rückstände die Oberflächenspannung des Wassers verändern. Auch können sie sich im Bier ablagern.

Wenn Sie unmittelbar nach dem Brauen alle Geräte gründlich mit heißem Wasser reinigen, wird dies in den meisten Fällen ausreichend sein.

INFUSIONSVERFAHREN

Wie eingangs erwähnt, werden wir uns für das Brauen zu Hause auf das einfachste Verfahren, das sogenannte **Infusionsverfahren,** beschränken.

Bei diesem wird, beginnend bei der Einmaischtemperatur von 35–50° C, die Maische unter Einhaltung von Rastzeiten allmählich bis auf 78° C erhöht. Nach dem Läutern (siehe Seite 47ff.) wird die Maische mit ebenfalls 78° C warmem Wasser, dem sogenannten **Nachguß,** nachgeschwemmt. Dadurch lösen sich noch brauwichtige Stoffe (Restzucker), die ebenfalls in die Würze gegeben werden.

Aus Gründen der Sortenvielfalt kommen in Brauereien **Ein-, Zwei-** bzw. **Dreimaischverfahren** zur Anwendung, die wesentlich komplizierter sind. Sie haben jedoch den entscheidenden Vorteil, daß die Maische besser genutzt wird und damit die Ausbeute pro Brauvorgang eine bessere ist.

In diesem Buch wurde wegen der Kompliziertheit des Brauvorganges bewußt auf das sogenannte **Dekoktionsverfahren** verzichtet. Helle Biere werden in Brauereien in beiden Verfahren hergestellt, dunkle Biere eher mittels des Dekoktionsverfahrens. Wesentlich einfacher ist das **Infusionsverfahren,** durch das sich, bei entsprechenden Rohstoffen, qualitativ gleichwertige Biere brauen lassen.

Wenn Sie beabsichtigen, größere Mengen zu brauen, sollten Sie sich jedoch durch weiterführende Literatur mit diesem Brauverfahren beschäftigen, da damit eine wirtschaftlichere Produktion möglich ist.

GERÄTE FÜR DAS BRAUEN ZU HAUSE

Unbedingt erforderlich sind folgende Geräte:

- 1 **Einkochtopf,** Fassungsvermögen 15–20 l, für das Maischen des Malzes, Kochen der Würze und als Gärtopf.
- 1–2 **Plastikkübel,** Gesamtfassungsvermögen ebenfalls 15–20 l, zum Abläutern nach dem Maischen und zum Filtern nach dem Kochen der Würze.
- 4 Stück **Stoffwindeln** oder engmaschige **Textilstoffe** von Gardinen als Filterstoff.
- 1 großer **Kochlöffel** (Holz) zum Umrühren der Maische und der Würze.
- 20 Stück **Wäscheklammern** zum Befestigen der Windeln an den Plastikkübeln.
- 4 Stück **Gefrierakkus** aus Kühltaschen oder 2 Stück 1,5 l **Plastikgetränkeflaschen** die, mit Salzwasser gefüllt, tiefgekühlt werden, damit die Würze möglichst rasch auf Gärtemperatur abkühlen kann.
- 1 **Gummi-** bzw. **Plastikschlauch** (ca. 1,5 m) zum Abfüllen des fertigen Bieres.
- Ausreichend **Bügelflaschen, Partyfässer** oder andere Flaschen zum Abfüllen des fertigen Bieres.
- 1 **Einkochthermometer,** das genau die Temperaturen im Bereich von 50–100° C anzeigt.
- 1 **Kinderbadethermometer,** damit die Gärtemperatur kontrolliert werden kann.
- 1 kleines **Fläschchen Jod** für die „Jodprobe", die die Verzuckerung des Malzes feststellt (1%ige Kaliumjodidlösung; erhältlich in jeder Apotheke).
- 1 Päckchen **pH-Indikatorpapier** zum Prüfen des pH-Wertes des Brauwassers.

Kochtopf, Thermometer, Kochlöffel, Jod, Stoffwindeln, pH-Indikatorpapier

Obstentsafter als „Läuterbottich"

Sollten Sie beabsichtigen, öfter und in größeren Mengen zu brauen, empfiehlt es sich, die Anschaffung bzw. das Selbstherstellen folgender Geräte zu überlegen:

- Statt Stoffwindeln basteln Sie sich einen eigenen **Läuterbottich** mit integriertem Ablaßventil.
- Anschaffung einer **Bierspindel,** mit der der Stammgehalt der Würze bzw. der Endvergärungsgrad Ihres Bieres exakt bestimmt werden kann.
- Ein eigenes **Gärgefäß** (Mostfaß) mit einer integrierten Ablaßvorrichtung, damit sich das Bier einfacher abfüllen läßt.

Bevor Sie mit dem Brauen beginnen – und auch bei jedem weiteren Brauvorgang –, überprüfen Sie, ob alle Geräte und Hilfsmittel verfügbar bzw. voll **funktionstüchtig** sind!

Partyfaß, geeignet als „Gärbottich"

„Kleinstbrauerei" für eine Braukapazität von 50 Liter

SCHROTEN DES MALZES

Wenn Ihnen bereits geschrotetes Malz zur Verfügung steht, können Sie diesen Arbeitsschritt vergessen.

Die Malzkörner müssen vor dem eigentlichen Brauvorgang zerkleinert **(geschrotet)** werden, damit die **Enzyme** des Malzes es in Malzzucker verwandeln können.

Dieser Zerkleinerungsprozeß geschieht am besten in handelsüblichen **Getreidemühlen,** wie sie für das Herstellen von Mehl zum Brotbacken verwendet werden. Geeignet sind auch händisch betriebene **Kaffeemaschinen.** Getreidemühlen wie Kaffeemaschinen werden auf die gröbste Stufe eingestellt. Das Malz soll geschrotet, nicht gemahlen werden! Daher eignen sich elektrisch betriebene Kaffeemaschinen nicht besonders, zumal dann eine Regulierung des Schrotvorganges nur eingeschränkt möglich ist. Auch ist das Fassungsvermögen dieser Kaffeemaschinen für die von uns benötigte Menge Malz nicht ausreichend.

Einige **Mehrzweckküchenmaschinen** haben Aufsätze, die ebenfalls das Schroten des Malzes erlauben.

Da der Prozeß des Schrotens aufgrund fehlender technischer Voraussetzungen zu Hause meist schwer möglich ist, empfehlen die Autoren, wenn möglich, bereits geschrotetes, vakuumverpacktes Malz zu verwenden. Auch verursacht das Schroten zu Hause eine nicht ganz zu verhindernde Staubentwicklung.

Geschrotetes Malz ist nur **beschränkt lagerfähig.** Schroten Sie daher nur die für das Brauen benötigte Menge!

MAISCHEN DES MALZES

Unter Maischen oder Einmaischen des Malzes versteht man die Vermischung des geschroteten Malzes mit dem Brauwasser.

Unter ständigem Umrühren wird das geschrotete Malz im Einkochtopf mit Wasser vermischt, bis die **Einmaischtemperatur** von 35–50 °C erreicht ist. Das ständige Rühren ist erforderlich, damit das Malz nicht anbrennt und sich seine Bestandteile im Brauwasser besser lösen.

Die Menge des Malzes und des Brauwassers entnehmen Sie dem von Ihnen ausgewählten Rezept im betreffenden Teil dieses Buches. Bei allen Rezepten haben die Autoren auf der einen Seite die Zutaten angeführt und auf der gegenüberliegenden in einem Diagramm nochmals die zeitlichen Abläufe bei den jeweiligen Maischtemperaturen dargestellt.

Wie Sie bereits früher gelesen haben, folgt nach dem Erreichen der Einmaischtemperatur eine ca. $\frac{1}{4}$ stündige **Eiweißrast.** Dann erhöht man, wieder unter ständigem Rühren, die Temperatur der Maische auf 64 °C. **Erste Verzuckerungsrast** von $\frac{1}{2}$ Stunde **(Maltosebildung).**

Anschließend wird die Temperatur der Maische auf 72 °C erhöht. Darauf folgt wieder eine $\frac{1}{2}$ stündige **zweite Verzuckerungsrast (Dextrinbildung).** Nach dieser muß unbedingt die sogenannte **„Jodprobe"** gemacht werden.

JODPROBE

Dieser **Prüfvorgang** ist notwendig, damit Sie feststellen können, ob das Malz in Malzzucker umgewandelt wurde. „Jodprobe" klingt sehr kompliziert, ist aber einfach und rasch durchzuführen:

Sie entnehmen der Maische bei 72 °C mit einem kleinen Löffel 2–3 Tropfen Flüssigkeit (keine festen Bestandteile) und geben diese auf einen kleinen weißen Teller (Untertasse einer Kaffeetasse).

Auf die flüssige Maische tropfen Sie vorsichtig einen Tropfen Jodlösung. Durch leichtes Schwenken der Untertasse verteilen Sie nun den Jodtropfen in der entnommenen Maischeflüssigkeit. Verfärbt sie sich gelb, ist die Aufspaltung des Malzes durch die Enzyme in Malzzucker bereits abgeschlossen. Bleibt sie blau, hat die Umwandlung des Malzes in Malzzucker nicht – oder noch nicht – stattgefunden. Auch später kann keine Aufspaltung dieser Flüssigkeit durch die Hefe in Alkohol erfolgen.

> Sie sehen, wie wichtig daher diese Jodprobe ist!

Einmaischen	Jodprobe: es hat noch keine Verzuckerung stattgefunden
Jodprobe: Beginn der Verzuckerung.	Jodprobe: Gelbfärbung bedeutet, es hat sich aus dem Malz Malzzucker gebildet

In den meisten Fällen wird nach einiger Zeit eine Gelbfärbung eintreten. Tritt diese aber überhaupt nicht ein, kann dies entweder am Malz liegen (schlechte Enzyme im Malz), oder Sie haben die Einmaischtemperaturen und die vorgeschriebenen Rastzeiten nicht exakt eingehalten und dadurch konnten sich keine Enzyme zur Aufspaltung des Malzes bilden. In beiden Fällen ist diese **Maische für die weitere Biererzeugung nicht mehr zu verwenden!**

Daher unbedingt die angegebenen Maischtemperaturen und Rastzeiten einhalten! Ständiges Umrühren nicht vergessen, da das Malz sonst anbrennt und einen schlechten Geschmack erhält. Seine Inhaltsstoffe lösen sich durch diese mechanische Bewegung im Brauwasser auch besser auf.

Nach der Jodprobe wird die Temperatur kurz auf 78°C erhöht und damit der Maischprozeß beendet. Auf keinen Fall die Temperatur auf über 78°C erhöhen, da sonst die Enzyme des Malzes zerstört werden!

Während des Maischvorganges sind Sie ständig mit der Überwachung des korrekten Ablaufes beschäftigt. Halten Sie die angegebenen Temperaturen und die Rastzeiten unbedingt ein! Machen Sie genaue Aufzeichnungen in Ihrem Brauprotokoll!

LÄUTERN DER MAISCHE

Unter „Läutern" versteht man das Trennen der flüssigen und festen Bestandteile der Maische. Dieser Vorgang dauert in Brauereien 3–4 Stunden und erfolgt in eigenen **Läuterbottichen.** Sollten Sie beabsichtigen, öfter zu brauen, empfiehlt es sich, wie bereits erwähnt, ebenfalls einen solchen Läuterbottich anzufertigen. Die Autoren gehen im Anschluß an die Erklärung des **„Windelverfahrens"** noch näher darauf ein.

Beim „Windelverfahren" werden die Bestandteile der Maische mittels einer über einen Kübel gespannten Stoffwindel getrennt. Diese Windel wird am Kübelrand mit Wäscheklammern befestigt. Drücken Sie mit der Hand eine Mulde von ca. 10 cm Tiefe in die Mitte der Windel, damit Sie sehen, wann der Kübel voll ist. Der feste Teil der Maische kann sich in der Mulde auch besser absetzen.

Sie nehmen den Maischetopf vom Herd (Achtung: Verbrühungsgefahr!) und beginnen die Maische vorsichtig über die Stoffwindel in den Kübel zu leeren. Nachdem im Topf bereits die festen Teile der Maische zu Boden gesunken sind, fließt zuerst der flüssige Teil ab, und als Rest bleiben die festen Rückstände **(Treber)** in der Windel und im Topf zurück. Da in diesem Treber noch brauwichtige Bestandteile enthalten sind, müssen diese noch einmal durch Aufgießen mit 78°C heißem Wasser ausgeschwemmt werden. Die Autoren geben in den Rezepten die Wassermenge immer genau an **(Nachguß).**

Tip
Damit der Treber die Stoffwindel nicht sofort verklebt, können Sie die Maische zuvor durch ein **Nudelsieb** abseihen. Die groben Bestandteile der Maische bleiben dabei schon im Sieb zurück, und nur die Flüssigkeit fließt über die Windel. Der Läutervorgang wird dadurch wesentlich **beschleunigt.**

Der anfallende **Treber** ist ein hochwertiges Produkt: einerseits als Futtermittel für Tiere, oder Sie können, wenn Sie Ihr Brot selbst backen, dem Teig Teile dieses Trebers beigeben.

Eine weitere Möglichkeit, die Maische zu läutern, sehen Sie in nebenstehender Skizze. Diese Form des Läuterns hat den Vorteil, daß Sie im untergestellten Gefäß genau feststellen können, wann es voll ist. Ein umgekehrter Tisch ist auch stabiler als ein Kübel.

Der in der Stoffwindel verbleibende Treber wird durch Anheben der Windel an allen vier Ecken und Entfernen der Wäscheklammern vom Kübel entfernt. Je nach Fas-

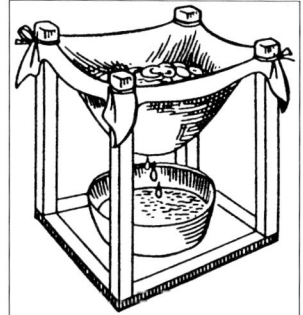

| Läutern im Entsafter | Läutern mittels einer Stoffwindel |

Der Treber bleibt in der Windel zurück

sungsvermögen und von Ihrer Braukapazität abhängig, werden Sie auch mehrere Kübel füllen. Der jetzt in der Windel enthaltene Treber wird mit ihr verdreht und vorsichtig ausgedrückt. In der Zwischenzeit muß der Maischekessel gesäubert werden, da er nun zum Kochen der Würze verwendet wird.

LÄUTERBOTTICH

Unser soeben beschriebenes „Windelverfahren" wird Sie, so Sie beabsichtigen, öfters zu brauen, nicht restlos zufriedenstellen. Das Läutern dauert in Brauereien 3–4 Stunden, ist also – im Vergleich zu anderen Schritten im Brauvorgang – ein ziemlich zeitintensiver Ablauf.

Beim Läutern durch die Windel oder einen anderen Filterstoff gelangen relativ viele **Trübstoffe** in die Würze, welche sich auf den Geschmack des Bieres negativ auswirken und die Gärung beeinflussen (schleppende Gärung).

Ein eigener **Läuterbottich** sollte so beschaffen sein, daß er ein Abflußventil an der Unterseite besitzt, damit die geläuterte Würze ablaufen kann. Im Boden dieses Behälters befindet sich ein genau passender **Einsatz** mit vielen kleinen Löchern im Durchmesser von 1 bis max. 1,5 mm. Die festen Bestandteile der Maische, der Treber, bilden einen natürlichen Filter, durch den die Würze durchsickert. Der Treber bleibt über dem Einsatz des Läuterbottichs in diesem zurück, während die Würze durch die Löcher abfließen kann und mittels des Ablaßventils am Bodenunterteil abgelassen wird.

Sollten Sie einen **Entsafter** zur Herstellung von Obstsäften besitzen, können Sie diesen mit geringem Aufwand in einen Läuterbottich „umfunktionieren". Diese Entsafter haben nämlich bereits ein Ablaßventil. Die zu groben Löcher des Einsatzes werden mit einem feinen **Gazenetz** (1 mm^2 Durchmesser je Loch) ausgelegt, welches beim Läutern die festen Bestandteile zurückhält.

Selbstverständlich sind Ihrem Erfindertum und Ihrem handwerklichen Geschick beim Herstellen eines geeigneten Läuterbottichs keine Grenzen gesetzt. Achten Sie nur darauf, daß die Löcher im Einsatz groß genug sind, um die Würze innerhalb einer vernünftigen Zeit abfließen zu lassen, aber auch noch klein genug, um die festen Bestandteile der Maische zurückzuhalten.

Hopfen, ein Naturprodukt

KOCHEN DER WÜRZE

Die Maische, die nach dem Läutern nun in Kübeln steht, wird wieder in den gereinigten Topf zurückgegeben und am Herd rasch zum Kochen gebracht. Sollte die Leistung Ihres E- oder Gasherdes nicht ausreichen, können Sie sich, wie schon erwähnt, zusätzlich mit einem Tauchsieder behelfen, der von oben in den Topf gehalten wird (Sicherheitsbestimmungen dieser Geräte beachten!).

Beginnt die Flüssigkeit zu kochen, wird die in den Rezepten angegebene Menge **Hopfen** (Pellets, Pulver oder getrocknete Hopfenblüten) beigegeben und unter gelegentlichem Umrühren 1–1$^1/_2$ Stunden leicht wallend gekocht.

Da die im Hopfen enthaltenen **ätherischen Öle** hochflüchtig sind, sollte die Hopfenbeigabe in zwei Teilen erfolgen: der erste Teil zu Beginn des Kochprozesses, der zweite gegen Ende, damit die aromatischen Bestandteile des Hopfens möglichst ohne Verlust in das Bier einfließen können.

In der Zwischenzeit reinigen Sie die Kübel und bespannen diese wieder, wie im Kapitel „Läutern der Maische" beschrieben, mit neuen, sauberen Stoffwindeln. Während die Würze kocht – nach Beigabe des Hopfens –, haben Sie die Möglichkeit, den Brauraum für kurze Zeit zu verlassen. Überprüfen Sie aber dennoch regelmäßig, ob die Würze kocht. Zu stark sollte sie aber auch nicht kochen, da sonst die Gefahr des Überkochens besteht.

Um Energie zu sparen, sollten Sie den Topf während des Kochens der Würze mit einem Deckel verschließen. Entfernen Sie von Zeit zu Zeit die eventuell an dem Deckel haftenden Hopfenbestandteile, und geben Sie diese wieder in die Würze zurück.

Durch das Kochen entweicht selbstverständlich Flüssigkeit aus der Würze. Brauwichtige Extrakte bleiben aber auf jeden Fall in der Würze zurück, wodurch der Stammwürzegehalt während des Kochens ansteigt.

FILTERN UND ABKÜHLEN DER WÜRZE

Nach dem Kochen der Würze verfahren Sie wie am Ende des Maischvorgangs und filtern die heiße Würze (100° C, Vorsicht!) wieder in die Kübel. Dadurch werden die festen Bestandteile des Hopfens und die durch das Kochen ausgefallenen Eiweißbestandteile des Malzes vom Bier abgesondert.

Wichtig ist nun, daß das durch das Kochen **sterilisierte Bier möglichst rasch** auf die gewünschte Gärtemperatur gebracht wird! Bei Verwendung von obergärigen Hefen auf 15–20° C, bei untergärigen Hefen auf 4–8° C.

Durch mehrmaliges Umleeren zurück in den gereinigten Topf wird die Temperatur schneller verringert. Zusätzlich wird der Würze dadurch Sauerstoff beigefügt, der für den Beginn der Gärung notwendig ist.

Auch wenn Sie den Topf in die Badewanne stellen und mit fließendem kaltem Wasser kühlen, wird es einige Zeit dauern, bis die notwendige niedrige **Gärtemperatur** erreicht ist. Beschleunigen können Sie den Abkühlungsprozeß, indem Sie einige **Gefrierakkus** direkt in die heiße Würze geben. Aus hygienischen Gründen vorher kurz mit heißem Wasser abspülen! Sie können aber auch Plastikgetränkeflaschen, gefüllt mit Salzwasser, in tiefgekühltem Zustand in die Würze geben. Das rasche Abkühlen ist für die Qualität Ihres Bieres wichtig, da sich in der Raumluft **„wilde" Hefen** und **Bakterien** befinden, die zu unerwünschten **Fehlgärungen** führen können.

Da die durch das Kochen sterilisierte Würze für Infektionen durch diese Bakterien und „wilden" Hefen besonders anfällig ist, sollte der Topf während des Abkühlens wieder mit dem gereinigten Deckel verschlossen werden.

Durch das Abkühlen fallen noch einige Bestandteile der Würze aus **(Heißtrübabscheidung)**, die Sie durch nochmaliges Filtern entfernen.

BESTIMMEN DES STAMMWÜRZEGEHALTES

Sie haben sicher schon auf den Etiketten von Bierflaschen Prozentangaben mit der Bezeichnung **Stammwürze** oder **Würze** gelesen. Diese sind nicht mit den im Bier enthaltenen **Prozenten Alkohol** zu verwechseln, hängen aber mit ihnen unmittelbar zusammen. Die Alkoholangaben in Prozenten sind gesondert angeführt.

Das Deutsche Biersteuergesetz bzw. die österreichischen und Schweizer Bestimmungen schreiben für die jeweiligen Bierkategorien einen **Mindestwürzegehalt** vor. In Brauereien wird vom Maischvorgang bis zum Abfüllen des fertigen Bieres mittels einer sogenannten **„Bierspindel"** dieser Extraktgehalt bestimmt.

12% Würze beispielsweise bedeutet, daß auf 1 l Würze (1000 g) 120 g gelöste Stoffe (Extrakte) und 880 g Wasser kommen.

Filtern der Würze über eine Stoffwindel

Bestimmen des Vergärungsgrades. Links: spindeln; rechts: Kohlensäure wird mit Kaffeefilter ausgefiltert. (CO_2 bewirkt Spindelauftrieb und verfälscht damit das gespindelte Ergebnis.)

BIERSPINDEL

Im Fachhandel sind **Bierspindeln** erhältlich, mittels derer der Würzegehalt bestimmt werden kann. Beachten Sie die beiliegenden Gebrauchsanweisungen!

Nur mit diesen Geräten ist es möglich, den Stammwürzegehalt exakt zu prüfen. Das Feststellen des Stammwürzegehaltes ist für die Berechnung der **Biersteuer** notwendig, da sich diese von diesem Stammwürzegehalt ableitet. Dies gilt nur für die Bundesrepublik Deutschland, da in der Schweiz und in Österreich das Brauen für den Eigenbedarf steuerfrei ist (Näheres siehe im Abschnitt „Steuerrechtliche Bestimmungen")!

EINTEILUNG DER BIERE NACH IHREM STAMMWÜRZEGEHALT

Deutschland		Österreich		Schweiz	
Einfachbier	2–5,5%	Abzugbier	9–10%	Lagerbier	10–12%
Schankbier	7–8%	Schankbier	10–12%	Spezialbier	11–14%
Vollbier	11–14%	Märzenbier	12–14%	Starkbier	
Starkbier	mehr als 14%	Bockbier	mehr als 14%		mehr als 14%

BEIGABE DER HEFE UND VERGÄRUNG

Nach Erreichen der angegebenen Gärtemperatur wird der abgekühlten und gefilterten Würze die **Hefe** beigegeben (siehe Vorbereitungsmaßnahmen im Kapitel „Hefe", Seite 23ff.).

Da Hefen – wie alle Lebewesen – zum Leben und Arbeiten Sauerstoff benötigen, müssen Sie während der Beigabe der Hefe kräftig rühren, um den Beginn der Gärung zu beschleunigen.

In welchem Behälter Sie die **Vergärung** durchführen, hängt von der Braumenge ab. Bei gelegentlichem Brauen ist es zweckmäßig, den Maische-Würze-Abkühltopf auch gleich für die Gärung zu verwenden. Beabsichtigen Sie jedoch öfter zu brauen, werden Sie diesen Topf zwischenzeitlich benötigen. Dieser ist aber während des Gärungsprozesses blockiert.

Für das Abfüllen in Flaschen nach der Gärung sind auch Behälter mit einem **Ablaßventil** praktisch und besser zu bedienen als Schläuche. Bewährt haben sich Mostfässer (Apfelwein) mit einem Aufsatz (Gärspund), durch den die Kohlensäure bei Überdruck entweichen kann.

Bis zum Einsetzen der Gärung können **12–24 Stunden** vergehen, in denen das Bier für Fehlgärungen besonders anfällig ist. Decken Sie daher bis zum Beginn der Gärung (Bläschenbildung) den Gärtopf mit einem reinem Tuch oder einem Kochdeckel ab (bei Mostfässern nicht notwendig). Kontrollieren Sie mehrmals täglich die **Gärtemperatur,** und führen Sie, wenn notwendig, Kühlungen durch (Kühlakkus). Die Gärtemperatur ist von den verwendeten Hefen abhängig. Zu hohe Temperaturen zerstören sie!

Bei obergärigen Hefen beginnt sich nach Einsetzen der Gärung ein dicker, bräunlich-weißer Schaum an der Oberfläche abzusetzen. Man nennt diese Schaumschicht **„Kräusen".** Sie wird vorsichtig mit einem Schöpflöffel abgeschöpft. Den Schaum der ersten beiden Tage geben Sie weg. Die Hefe ab dem dritten Tag können Sie für weitere Gärungen abschöpfen und im Kühlschrank einige Wochen lagern (siehe Kapitel „Hefe", Seite 26).

Nach 2–3 Tagen ist die **Hauptgärung** abgeschlossen und das Bier fertig zum Abfüllen. Die **Nachgärung** erfolgt in den Flaschen oder Fässern.

Die Nachgärung dient der Anreicherung des Bieres mit Kohlensäure und dem Reifen des Geschmacks. Bier wird immer stehend gelagert, damit sich die Trübstoffe und die Hefe am Boden der Flaschen absetzen können.

Beginn der Gärung

Obergäriges Bier: Hefe wird von der Oberfläche abgeschöpft

Links: großbläsrige Gärung (Blasengärung)
Rechts: Ende der Hauptgärung

ABFÜLLEN DES FERTIGEN BIERES

Es gibt mehrere Möglichkeiten, Bier vor dem Verbrauch zu lagern. Für das Brauen zu Hause kommen grundsätzlich nur zwei davon in Frage: **Flaschen** in verschiedenen Varianten bzw. **Fässer** in unterschiedlichen Ausführungen und Größen.

FLASCHEN

Am attraktivsten und für unsere Zwecke auch am besten geeignet sind die seit einiger Zeit wieder erhältlichen **Bügelflaschen,** die öfter wiederverwendet werden können. Diese Flaschen sind in Größen von 0,3, 0,5, 1 bzw. 2 l erhältlich. Kleinere Flaschen erhalten Sie im Handel gegen Pfandeinsatz, 1- und 2-Liter-Flaschen im Fachhandel sowie bei einigen Hausbrauereien.
Mineralwasserflaschen mit Metall- bzw. Plastikdrehverschlüssen lassen sich grundsätzlich ebenfalls verwenden, sehen aber nicht „stilecht" aus. Öfters treten aber Probleme auf, wenn die Verschlüsse nicht völlig dicht sind. Diese weißen und grünen Flaschen sind für die Lagerung von Bier auch deshalb weniger geeignet, da Bier sehr lichtempfindlich ist. Dunkelbraune Glasflaschen sind daher optimal.
Euromehrwegflaschen mit Kronenverschluß können Sie zum Abfüllen selbstverständlich nur dann verwenden, wenn Sie auch das entsprechende Verschlußgerät besitzen.

FÄSSER

Für Partyzwecke werden **Alufässer** in verschiedenen Größen angeboten. **Holzfässer** werden heutzutage kaum mehr benutzt, hingegen wird immer öfter Bier in **Blechdosen** (5 l) angeboten, welches mittels eines Zapfgerätes gezapft wird.

REINIGUNG VON FLASCHEN UND FÄSSERN

Gleichgültig, ob Bier in Flaschen oder in Fässer abgefüllt wird – die **Hygiene** ist bei beiden Abfüllverfahren dieselbe. Flaschen wie Fässer werden nach dem letzten Einsatz gründlich mit heißem Wasser gereinigt und anschließend mit reichlich kaltem Wasser nachgespült. Von herkömmlichen Geschirrspülmitteln möchten die Autoren Ihnen abraten, da die Schaumbildung des Bieres leidet und es zu Ablagerungen im Bier kommen kann. Für die mechanische Reinigung der Flaschen verwenden Sie die im Handel erhältlichen **Flaschenbürsten.**

Partyfässer und wiederbefüllbare Partydosen aus Blech werden ebenfalls wie oben angeführt gereinigt. Die Gummiringe der Bügelflaschen werden vor dem Wiederbefüllen in heißem Wasser sterilisiert. Vor dem Befüllen werden Flaschen wie Fässer noch einmal gut mit Wasser gespült.

Das fertige Bier wird aus dem Gärgefäß mittels eines ca. 1,5 m langen Schlauches aus Plastik oder Gummi durch Ansaugen am unteren Ende abgezogen und in die bereitgestellten Flaschen oder Fässer gefüllt. Das obere Ende des Schlauches befindet sich im Gärbehälter. Für diesen Vorgang benötigen Sie die Hilfe einer zweiten Person, welche darauf achtet, daß der Schlauch im Gärbottich unter der Oberfläche des Bieres bleibt. Die bereitgestellten Flaschen werden möglichst ohne große Schaumbildung bis ca. 3 cm unter den Rand gefüllt und sofort verschlossen. Wenn Sie den Schlauch bis an den Boden der Flasche einführen, verhindern Sie übermäßige Schaumbildung.

Das Abfüllen geht nicht ohne Verschütten von Bier ab. Sorgen Sie daher für ein **Tropfgefäß** zum Auffangen des überschäumenden Bieres!

Einfacher ist das Abfüllen, wenn der Gärbottich ein **Ablaßventil** hat. Es läßt sich leichter regulieren, und fremde Hilfe ist entbehrlich.

Partydosen aus Blech besitzen einen Hartgummipfropfen mit einem Durchstoßstück. Diese Dosen lassen sich ebenfalls leicht reinigen und zu Hause wiederbefüllen. Der Verschlußpfropfen wird – wie die Gummiringe der Bügelflaschen – in heißem Wasser sterilisiert. Das Durchstoßstück bleibt im leeren Faß und kann durch die Öffnung an der Oberseite wiederentnommen werden. Die Befüllung erfolgt ebenfalls durch diese Öffnung.

FLASCHENETIKETTEN

Um den richtigen Zeitpunkt der Verkostung Ihres Bieres bestimmen zu können, sollten Sie Ihre Flaschen bzw. Fässer mit dem **Abfülldatum** kennzeichnen. Wenn Sie Flaschen verschiedener Brauvorgänge in Ihrem Bierkeller lagern, steigt die Verwechslungsgefahr, da Bier von außen an den Flaschen nicht zu unterscheiden ist. Die **Etiketten** in den Brauereien enthalten Angaben u. a. über Stammwürzegehalt, Alkoholgehalt, Haltbarkeit, Typenbezeichnung des Bieres und, zumeist verkodet, Angaben über den Zeitpunkt der Abfüllung.

Angesichts der vielen Mühe, die Sie sich bisher mit der Erzeugung Ihres eigenen Bieres gemacht haben, sollten Sie nicht davor zurückschrecken, eigene Etiketten für Ihr Bier zu entwerfen! Wichtige Angaben, wie **Abfülltag** oder **Typenbezeichnung,** gehören aber auf jeden Fall darauf.

| Vorbereitungen zum Abfüllen | Abfüllen über den Entsafter |

| Abfüllen mittels Schlauches | Es gibt viele Gebinde zum Lagern von Bier |

Individuell gestaltete Flaschenetiketten eignen sich hervorragend, eine Flasche selbstgebrauten Bieres zu einem ganz **persönlichen Geschenk** zu machen!

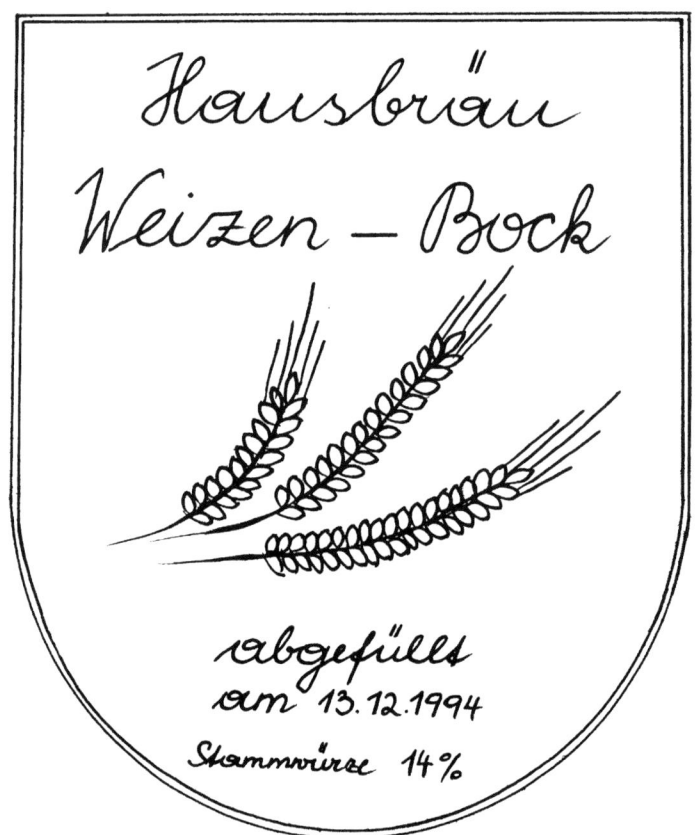

LAGERUNG DES BIERES

Das Bier ist nach dem Abfüllen bereits „fertig", wird aber als noch **„jung"** bezeichnet. Die Lagerung beeinflußt Güte und Geschmack. Bier ist besonders licht- und temperaturempfindlich.

Obergäriges Bier, das nach 2–3 Tagen Hauptgärung in Flaschen abgefüllt wird, gärt in diesen noch einige Tage nach. Der dabei entstehende **Überdruck** muß durch mehrmaliges kurzes Öffnen der Bügelflaschen abgelassen werden: in den ersten Tagen nach Ende der Hauptgärung täglich, später, wenn der Druck des Bieres nachläßt, alle zwei Tage. Ein Restdruck aufgrund der entstehenden Kohlensäure ist für die Haltbarkeit aber unbedingt notwendig.

> Wird der Überdruck nicht abgelassen, besteht die Gefahr, daß er die Flaschen **zerspringen** läßt!

Die optimale Lagertemperatur liegt bei **8° C.** Das entspricht auch der besten Trinktemperatur des Bieres. Sie erreichen diese Temperatur durch Lagerung im Kühlschrank oder im Keller. Um die Nachgärung in den Flaschen abzuschließen, ist eine Lagerung über mehrere Tage bei 2–4° C von Vorteil. Aber Achtung: Bier ist sehr **temperaturempfindlich** und gefriert bei ca. –2° C!

Auch abrupte Temperaturschwankungen schaden der Qualität. Nach ca. 1–2 Wochen ist Ihr Bier ausgereift und trinkfertig.

Obergäriges Bier hält sich bei guten Lagerbedingungen **6 Wochen** lang ohne nennenswerten Qualitätsverlust.

> Lagern Sie Bier immer kühl und vor Licht geschützt!

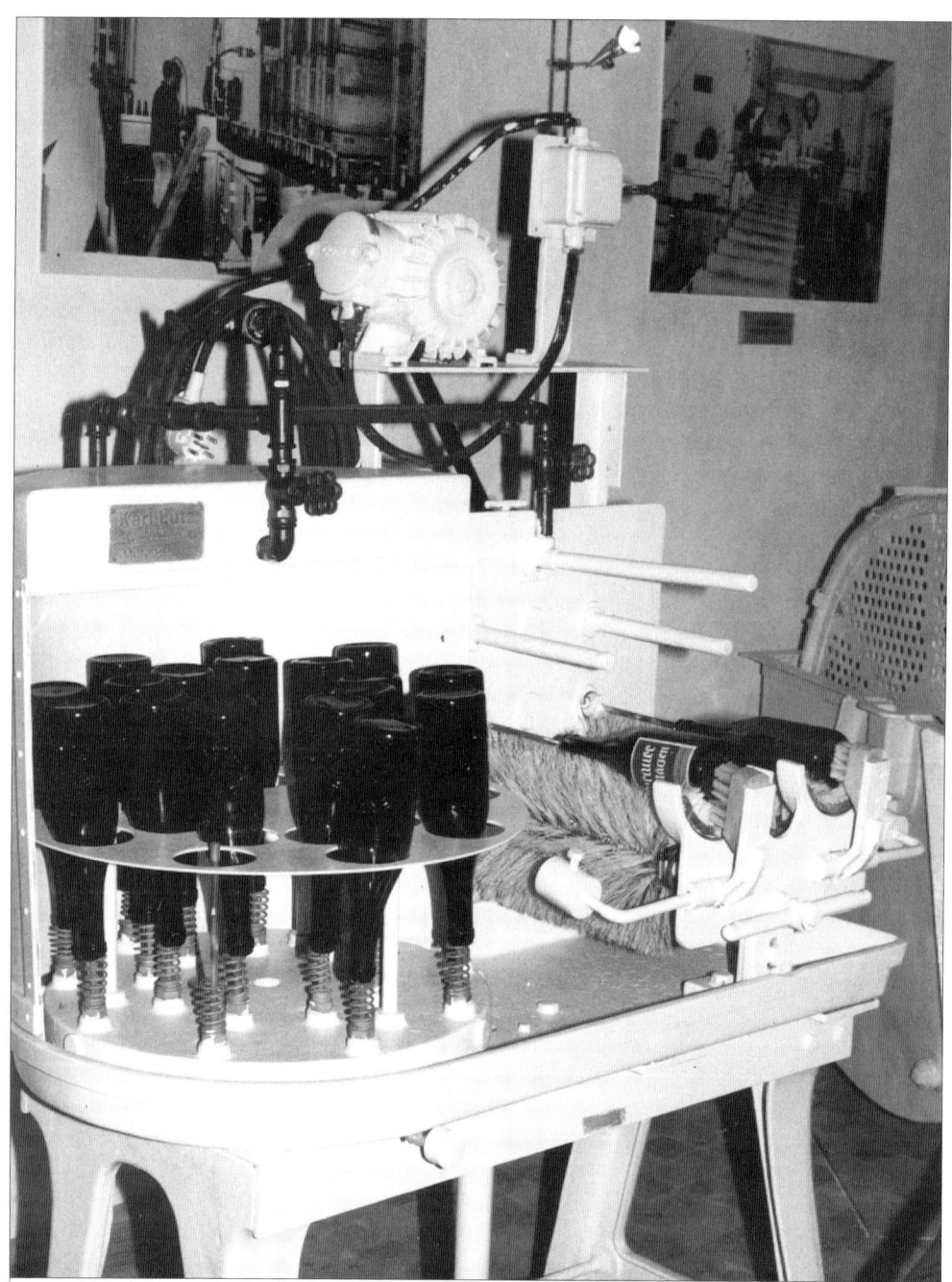

Eine historische Flaschenwaschmaschine

BRAUPROTOKOLL

Brauereien führen von jedem Brauvorgang genaue Aufzeichnungen, ein sog. **„Brau-protokoll"**. Einerseits dient es als Grundlage für die Nachkalkulation und die Auswertung der Brauausbeute, andererseits lassen sich damit eventuell auftretende Fehler in Zukunft vermeiden.

Bei Ihnen werden wirtschaftliche Überlegungen keine so große Rolle spielen, sehr wohl hilft Ihnen ein exakt geführtes Brauprotokoll aber beim **Erkennen** und Ausmerzen von **Brau-** und **Gärfehlern.** Auf Seite 66 finden Sie ein solches mit den wichtigsten Angaben.

Je detailliertere Angaben Sie in Ihr Brauprotokoll aufnehmen, desto leichter ist es auch, ein besonders gelungenes Bier noch einmal zu brauen.

Folgende Angaben sollte Ihr Brauprotokoll unbedingt enthalten:

* Datum des Brauens
* Menge des Malzes und Bezeichnung der Sorte
* Menge des Brauwassers
* Einmaischtemperatur und Rastzeit
* 1. Verzuckerungsrast und Rastzeit
* 2. Verzuckerungsrast und Rastzeit
* Ergebnis der Jodprobe
* Menge des Wassers beim Nachschwemmen (Nachguß)
* Menge der Hopfenbeigabe, Sorte
* Kochzeit der Würze
* Menge der Hefebeigabe und Gärtemperatur
* Zeitpunkt der Hefebeigabe
* Beginn der Gärung (Bläschenbildung)
* Dauer der Hauptgärung
* Abfülldatum
* Dauer der Nachgärung
* Raum für besondere Beobachtungen

Sollten Sie mittels Spindel den Würze- bzw. den Alkoholgehalt des Bieres exakt bestimmen, gehört dies ebenfalls im Brauprotokoll vermerkt.

Brauereien sind aufgrund gesetzlicher Vorschriften verpflichtet, den Würze- und Alkoholgehalt exakt anzugeben, da sich daraus Steuern und Abgaben ableiten.

Näheres erfahren Sie dazu in den Kapiteln über „Rechtliche und steuerrechtliche Bestimmungen", Seite 111f.

SUDBERICHT

Sudnr.						Datum:

Sorte	M	Sp	P	B

	kg	hl	°C	min	Uhrzeit	%
Malz: Stamag						
Koch						
Hopfen: 1.Gabe						
2.Gabe						
3.Gabe						
Milchsäure						
Gips						
Einmaischen						
ph						
aufheizen auf						
Rast						
Bottich						
aufheizen auf						
Rast						
aufheizen auf						
Kochen						
zubrühen auf						
Läuterrast						
Vorderwürze						
1.Nachguß						
2.Nachguß						
3.Nachguß						
Glattwasser						
Pfanne voll um						
Kochbeginn um						
Kochen						
Ausschlagen um						
ph						

Bemerkungen:

Biersieder:

VERKOSTEN DES BIERES

Nach den Mühen, die Sie sich mit der Herstellung Ihres eigenen Bieres gemacht haben, sind Sie sicherlich schon sehr gespannt, wie es schmecken wird. Sorgen Sie daher für die besten Umfeldbedingungen, wenn Sie Ihr erstes selbstgebrautes Bier verkosten.
Über die **optimale Trinktemperatur von 8° C** wurde schon berichtet.
Ihr Bier ist, da Sie zu Hause ja nicht die Möglichkeit haben, die Hefe und die Trübstoffe herauszufiltern, leicht trübe. Je weniger Sie daher die Flaschen oder das Faß vor dem Öffnen schütteln, desto mehr dieser Heferückstände und Trübstoffe bleiben am Boden zurück.
Viele Brauereien bieten heute ungefilterte Biere als besondere Spezialitäten an (Zwickelbier). Bei Hefeweizenbieren etwa wird die Hefe den Flaschen beigegeben, und die Gärung erfolgt in diesen.
Welches **Trinkglas** Sie für Ihr Bier verwenden wollen, ist sehr schwer zu beantworten. In der Vielfalt der Angebote wird sich gewiß ein Ihnen besonders zusagendes Glas finden. Für die einzelnen Biertypen gibt es ganz verschiedene Gläser: für Pils sogenannte Tulpen, die den Schaum besonders gut halten, oder hohe Weißbiergläser oder die kleinen Gläser für Altbier. Bier wird auch mit den Augen genossen. Wählen Sie daher das Glas besonders sorgfältig aus, es muß ja nicht unbedingt ein Limonade- oder Wasserglas sein!
Für Biergläser gilt ebenfalls das im Kapitel über die Reinigung der Flaschen Gesagte. Verwenden Sie möglichst keine Geschirrspülmittel, da deren Rückstände die **Schaumbildung** Ihres Bieres beeinträchtigen. Entweder nehmen Sie für die Reinigung Ihrer Biergläser spezielle Reinigungsmittel, wie sie auch in der Gastronomie zum Einsatz kommen, oder Sie reinigen Ihre Gläser nur mit einer **Glasbürste** und **heißem Wasser.**

Gute Wirte spülen ihre Gläser vor dem Zapfen aus dem Faß noch einmal kurz mit klarem, kaltem Wasser!

MIT BIERKULTUR ZUM BIERGENUSS

Einschenkregeln aus dem Faß:
1. Das saubere Glas mit kaltem Wasser spülen.
2. Das Bierglas beim Einschenken grundsätzlich leicht schräg halten.
3. Zuerst das Glas $\frac{1}{3}$-voll einschenken und das Bier absetzen lassen, bis der Schaum eine kompakte Form angenommen hat.
4. Vollschenken und warten, bis der zweite Schaumring kompakt ist.
5. Zum Schluß den dritten Schaumring aufsetzen, der erst zur richtigen „Haube" führt.
6. Der Einschenkvorgang kann bis etwa 3 Minuten dauern.

Einschenkregeln aus der Flasche:
1. Das saubere Glas mit kaltem Wasser spülen.
2. Das Bierglas wird kerzengerade gehalten, die Flasche im rechten Winkel dazu.
3. Das Bier wird in die Mitte des Glases gegossen, bis sich eine schöne Schaumkrone bildet.
4. Warten, bis sich der Schaum gesetzt hat, und durch Nachschenken eine „Haube" aufsetzen.
5. Der Einschenkvorgang dauert 2–3 Minuten.

Alle fetthaltigen Flüssigkeiten (z. B. Milch) sollten nicht aus Ihren Biergläsern getrunken werden! Sie hinterlassen ebenfalls Rückstände.

Stellen Sie die gereinigten Gläser mit der Öffnung nach unten auf ein Geschirrtuch zum Abrinnen und Trocknen.

Lassen Sie Ihr Bier auch von Ihren Freunden durch Verkosten bewerten, eventuell in einem Blindtest gegenüber käuflich erworbenen Bieren. Prüfen Sie kritisch den Geschmack des Bieres, und versuchen Sie, durch leichte Veränderungen bei den Zutaten **IHR ganz persönliches Bier** zu brauen.

"HL.FLORIAN"
Schutzpatron der Brauer

Gotische Statue 16. Jhdt.
St. Leonhardskirche
Leihgabe der Pfarre Murau

Der heilige Florian, einer der zahlreichen Schutzpatrone der Brauer

BRAUFEHLER

DAS BIER GÄRT NICHT

Setzt die Gärung nicht nach 24–30 Stunden ein, kann dies folgende Ursachen haben:

- Das Malz konnte sich im Malzvorgang nicht in Malzzucker umwandeln. Entweder wurden die angegebenen **Rastzeiten** (Verzuckerung) nicht exakt eingehalten, oder das Malz war nicht mehr in Ordnung. Haben Sie die **Jodprobe** gemacht?
- Die **Hefe** war nicht mehr aktiv. Entweder war sie schon zu alt, oder sie wurde der noch zu **heißen Würze** beigegeben und damit **abgetötet.**
- Befinden sich noch zu viele **Trübstoffe** in der filtrierten Würze, kann es ebenfalls zur Beeinträchtigung der Gärung kommen.
- Durch **unsauberes Arbeiten** entstehen **Infektionen,** die den Gärungsverlauf beeinträchtigen.

DAS BIER SCHMECKT BITTER

Die Ursache kann eine zu große **Hopfenbeigabe** sein.

DAS BIER SCHMECKT SAUER

Durch **unsauberes Arbeiten** entstehen Fehlgärungen; das Bier wird dadurch ungenießbar. Durch wilde Hefen und andere Bakterien bilden sich **Milch-** bzw. **Essigsäure.**

ZU WENIG KOHLENSÄURE IM BIER

Fehlt die Kohlensäure, schmeckt das Bier schal. Ursachen können sein:

- Die Kohlensäure ist beim **Abfüllen entwichen.**
- Die **Vergärung** war bereits **abgeschlossen,** dadurch konnte in der Flasche keine Nachvergärung stattfinden, da kein Restzucker zur weiteren Vergärung vorhanden ist.
- Beim Abfüllen gelangten zu wenig Hefen in die Flaschen oder in das Faß. Dadurch kam es zu keiner Nachgärung.

- Die **Dichtungen** der Bügelflaschen sind bereits verbraucht, die **Kohlensäure entweicht** aus den befüllten Flaschen.

Sie können dieses Bier durch „Mischen" mit gekauftem Bier im Verhältnis 1:1 oder 1:2 trinkfertig machen („verschneiden").

ZU VIEL KOHLENSÄURE IM BIER

Beim Öffnen der Flaschen schäumen diese über, und im Glas bildet sich überwiegend Schaum. Das Bier wurde zu früh abgefüllt; die Hauptgärung war noch nicht abgeschlossen und die Gärung in der Flasche somit zu stark. Sie können durch mehrmaliges vorsichtiges Öffnen der Bügelflaschen den Überdruck entweichen lassen.

REZEPTTEIL

In diesem Kapitel werden neun ausgewählte und überprüfte Rezepte angeführt. Das erste eignet sich für die ersten Brauversuche, da das flüssige Malz viele Arbeitsschritte wesentlich vereinfacht.

Im Anschluß daran finden Sie vier Rezepte vor allem für obergärige und dann vier weitere Rezepte für untergärige Hefen. Die Mengenangaben beziehen sich auf optimale Rohstoffe, wie Wasser, Malz und Hopfen. Durch die Verwendung minderwertiger Zutaten kann es zu deutlichen Abweichungen im Stammwürzegehalt kommen, was für den Eigenbedarf zwar keine große Bedeutung hat, sich aber sehr wohl empfindlich auswirkt, wenn Sie Ihr Bier verkaufen wollen und gegen rechtliche Bestimmungen verstoßen.

Wie schon mehrmals in diesem Buch erwähnt, beschränkt sich auch dieser Abschnitt auf das einfachste Brauverfahren **(Infusionsverfahren).**

Alle Rezepte dieses Buches entsprechen den strengen Bestimmungen des Deutschen Reinheitsgebotes!

Bei den Rezepten auf den folgenden Seiten finden Sie bewußt keine Angaben zur Menge der für die Vergärung notwendigen Hefe. Je nach Hefestamm und Art (trocken oder flüssig) variiert die Menge beträchtlich. Bei Trockenhefe wird eine genaue Beschreibung mitgeliefert.

Besorgen Sie sich Hefe aus einer Hausbrauerei oder einer gewerblichen Brauerei, fragen Sie bitte den zuständigen Braumeister.

MALZEXTRAKTBIER (Obergäriges Bier)

für 15 l Bier

 1 l Flüssigmalz
15 l Wasser
40 g Hopfen (Pellets)

Bei diesem Rezept verwenden Sie Flüssigmalz, das Sie in Blechdosen oder Glasbehältern erhalten. Sie ersparen sich hiermit den gesamten Maischvorgang und das Läutern. Auch die Jodprobe entfällt, da das Malz bereits verzuckert ist.
Sie bringen das Brauwasser, in dem Sie das Flüssigmalz unter kräftigem Rühren auflösen, zum Kochen. Anschließend geben Sie die angeführte Hopfenmenge bei und kochen die Würze $1^{1}/_{2}$ Stunden lang. Dann filtern, rasch abkühlen und die Brauhefe beigeben.
Zeitbedarf 2–3 Stunden.

Der Vorteil dieses Rezeptes liegt in seiner einfachen Durchführung und dem geringen Zeitaufwand. Ihr Ehrgeiz wird Sie gewiß dazu bringen, nach diesem ersten Rezept zum „echten" Bierbrauen überzugehen!

WEIZENBIER (Obergäriges Bier)

für 10 l Bier			für 20 l Bier		
1 kg	helles Malz		2 kg	helles Malz	
1,5 kg	Weizenmalz		3 kg	Weizenmalz	
25 g	Hopfen (Pellets)		45 g	Hopfen (Pellets)	
8 l	Wasser		14 l	Wasser	
Nachguß	8–9 l		Nachguß	10–12 l	

Einmaischen bei 40° C.
Eiweißrast bei 55° C (15 min.).
Erwärmen auf 65° C, 30 min. Verzuckerungsrast (Jodprobe!).
Erwärmen auf 72° C, 30 min. Endverzuckerungsrast (Jodprobe!).
Erwärmen auf 78° C, 30 min. Rast, danach abläutern.
Der Restzucker der Maische wird mit 78° C warmem Wasser ausgewaschen.

Bei Weizenbier bildet sich bei der Vergärung mehr Kohlensäure. Entlüften Sie daher die Flaschen ganz besonders gut!

Dieses Weizenbier hat einen Stammwürzegehalt von 11–12%.
Lagerzeit 2–3 Wochen.

Weizenbier

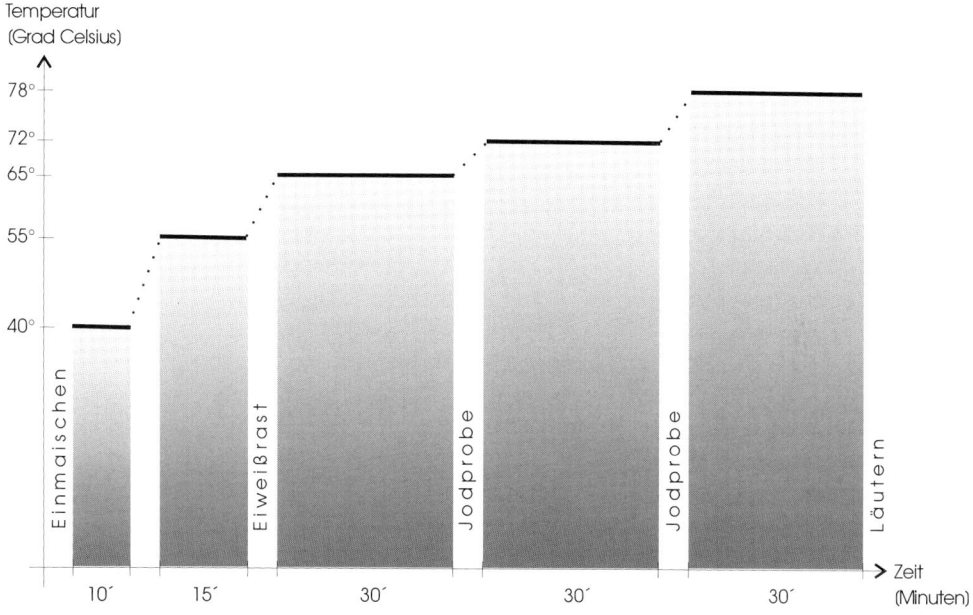

Temperatur
(Grad Celsius)

78°	
72°	
65°	
55°	
40°	

Einmaischen · Eiweißrast · Jodprobe · Jodprobe · Läutern

10´   15´   30´   30´   30´

Zeit
(Minuten)

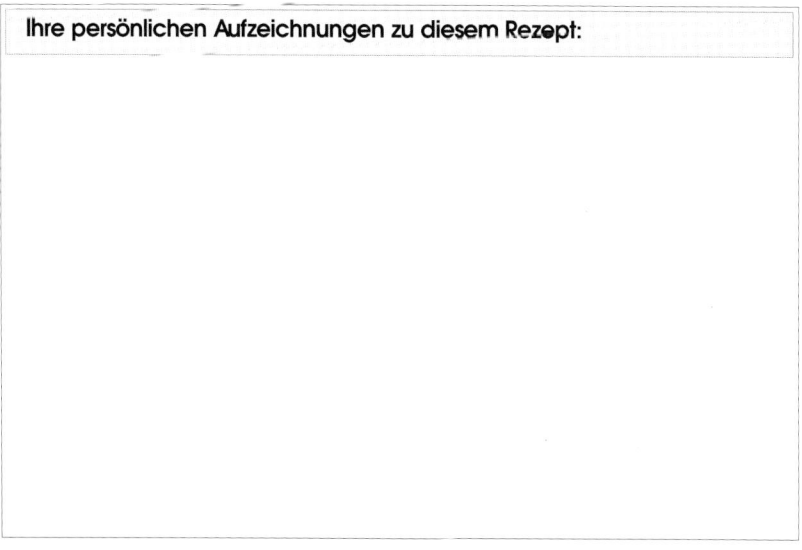

Ihre persönlichen Aufzeichnungen zu diesem Rezept:

DUNKLES WEIZENBIER (Obergäriges Bier)

für 10 l Bier		für 20 l Bier	
1,5 kg	helles Malz	2,5 kg	helles Malz
250 g	Karamelmalz	0,5 kg	Karamelmalz
25 g	Farbmalz	50 g	Farbmalz
1,3 kg	Weizenmalz	2,5 kg	Weizenmalz
20 g	Hopfen (Pellets)	30 g	Hopfen (Pellets)
8 l	Wasser	16 l	Wasser
Nachguß	8–10 l	Nachguß	16–18 l

Einmaischen bei 35°C.
Eiweißrast bei 55°C (15 min.).
Erwärmen auf 65°C, 40 min. Verzuckerungsrast (Jodprobe!).
Erwärmen auf 72°C, 30 min. Endverzuckerungsrast (Jodprobe!).
Erwärmen auf 78°C, 30 min. Rast, danach abläutern.
Der Restzucker der Maische wird mit 78°C warmem Wasser ausgewaschen.

Ein durch seine Farbe besonders ansprechendes Bier!

Dieses dunkle Weizenbier hat einen Stammwürzegehalt von 11–12%.
Lagerzeit 1–2 Wochen.

Dunkles Weizenbier

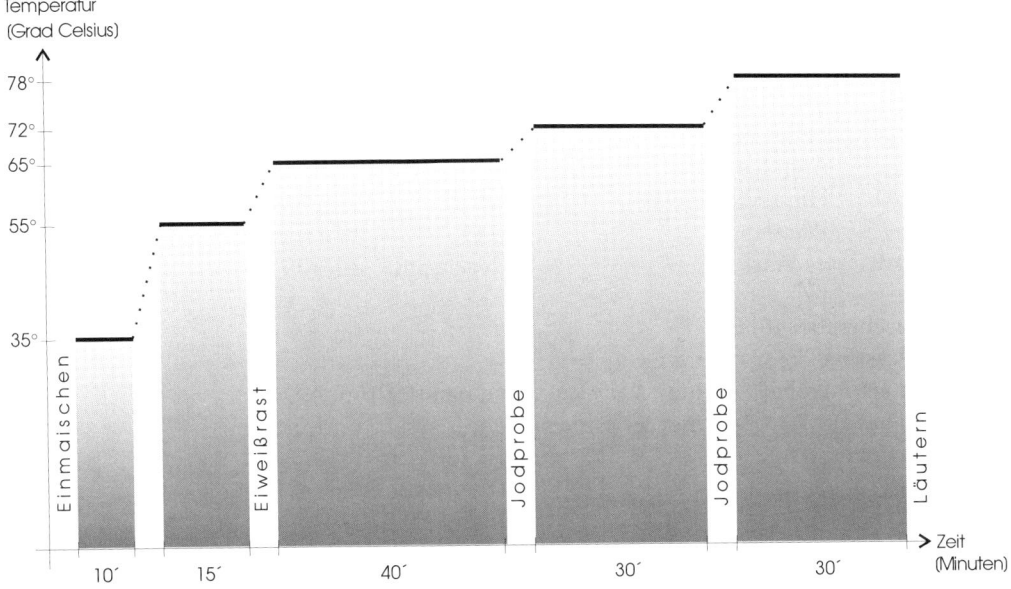

Temperatur
(Grad Celsius)

78°
72°
65°
55°
35°

Einmaischen
Eiweißrast
Jodprobe
Jodprobe
Läutern

10´   15´   40´   30´   30´

Zeit
(Minuten)

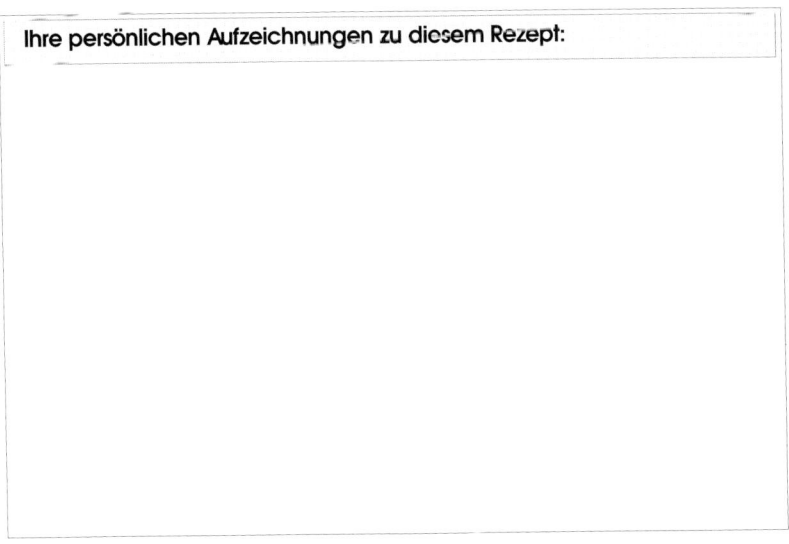

Ihre persönlichen Aufzeichnungen zu diesem Rezept:

ALTBIER (Obergäriges Bier)

für 10 l Bier		für 20 l Bier	
0,5 kg	helles Malz	1 kg	helles Malz
2 kg	dunkles Malz	4 kg	dunkles Malz
25 g	Hopfen (Pellets)	50 g	Hopfen (Pellets)
8 l	Wasser	14 l	Wasser
Nachguß	8 l Waser	Nachguß	10–12 l Wasser

Einmaischen bei 40°C.
Eiweißrast bei 55°C (15 min.).
Erwärmen auf 65°C, 40 min. Verzuckerungsrast (Jodprobe!).
Erwärmen auf 72°C, 40 min. Endverzuckerungsrast (Jodprobe!).
Erwärmen auf 78°C, 20 min. Rast, danach abläutern.
Der Restzucker der Maische wird mit 78°C warmem Wasser ausgewaschen.

Dieses Spezialbier hat eine ganz besondere Note!

Stammgewürzgehalt 11–12%.
Lagerzeit 6–8 Wochen.

Altbier

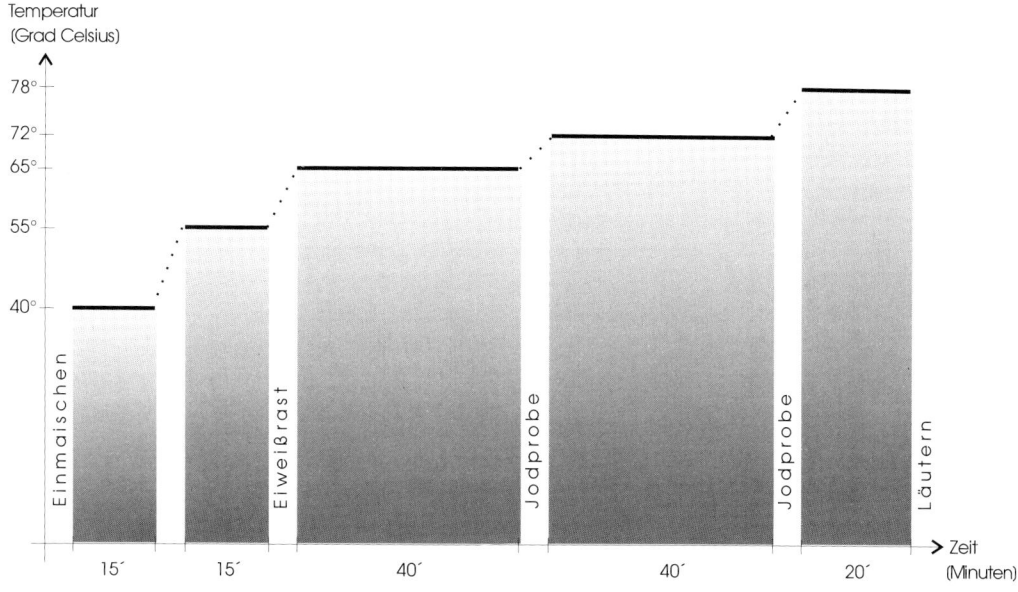

Temperatur
(Grad Celsius)

78°
72°
65°
55°
40°

Einmaischen   Eiweißrast   Jodprobe   Jodprobe   Läutern

15´   15´   40´   40´   20´

Zeit
(Minuten)

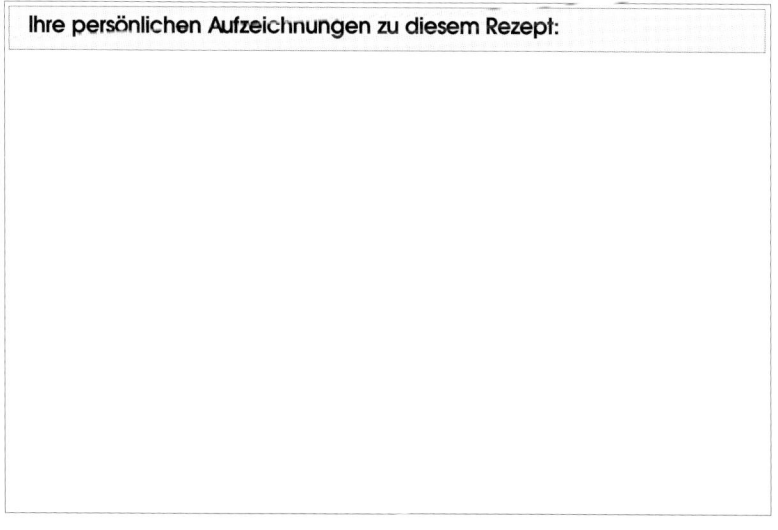

Ihre persönlichen Aufzeichnungen zu diesem Rezept:

81

WEIZENBOCK (Obergäriges Bier)

für 10 l Bier		für 20 l Bier	
1,5 kg	helles Malz (Münchner)	3 kg	helles Malz
1,5 kg	Weizenmalz	3 kg	Weizenmalz
20 g	Hopfen (Pellets)	40 g	Hopfen (Pellets)
8 l	Wasser	14 l	Wasser
Nachguß	8 l Wasser	Nachguß	12–14 l Wasser

Einmaischen bei 40° C.
Eiweißrast bei 55° C (15 min.).
Erwärmen auf 65° C, 40 min. Verzuckerungsrast (Jodprobe!).
Erwärmen auf 72° C, 30 min. Endverzuckerungsrast (Jodprobe!).
Erwärmen auf 78° C, 30 min. Rast, danach abläutern.
Der Restzucker der Maische wird mit 78° C warmem Wasser ausgewaschen.

Diese Bierspezialität ist wegen ihres höheren Alkoholgehalts ein Bier für festliche Anlässe!

Stammwürzegehalt ca. 16%.
Lagerzeit 1–3 Wochen.

Weizenbock

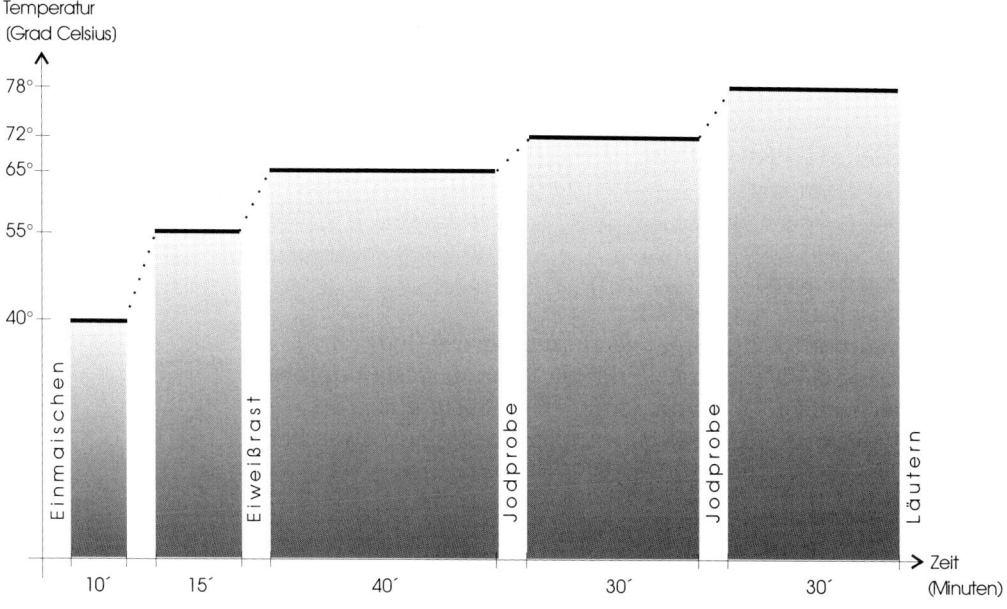

Temperatur
(Grad Celsius)

78°
72°
65°
55°
40°

Einmaischen · Eiweißrast · Jodprobe · Jodprobe · Läutern

10´   15´   40´   30´   30´

Zeit
(Minuten)

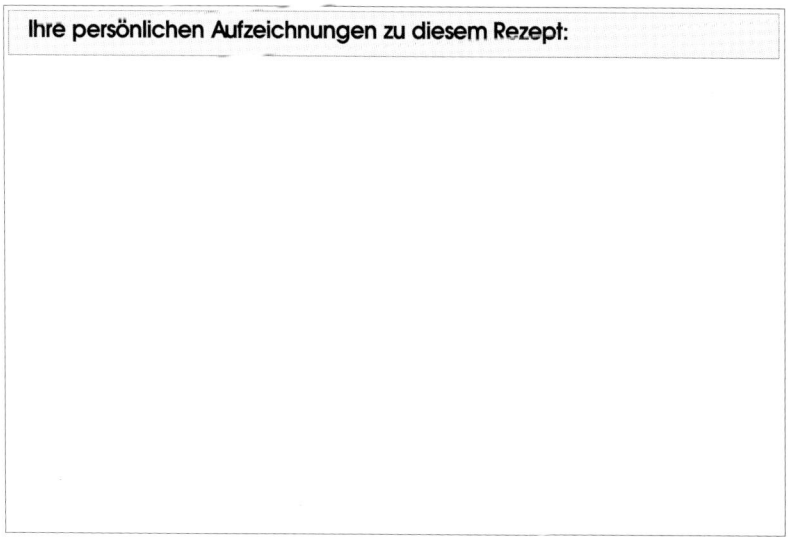

Ihre persönlichen Aufzeichnungen zu diesem Rezept:

PILS (Untergäriges Bier)

für 10 l Bier		für 20 l Bier	
2,3 kg	helles Malz	4,5 kg	helles Malz
25 g	Hopfen (Pellets)	50 g	Hopfen (Pellets)
8 l	Wasser	14 l	Wasser
Nachguß	4–6 l Wasser	Nachguß	6–8 l Wasser

Einmaischen bei 35°C.
Eiweißrast bei 55°C (10 min.).
Erwärmen auf 65°C, 30 min. Verzuckerungsrast (Jodprobe!).
Erwärmen auf 72°C, 30 min. Endverzuckerungsrast (Jodprobe!).
Erwärmen auf 78°C, 30 min. Rast, danach abläutern.
Der Restzucker wird mit 78°C warmem Wasser ausgewaschen.

Ein Bier mit hopfiger, herber Note.

Stammwürzegehalt mindestens 12%.
Lagerzeit 4–5 Wochen.

Pils

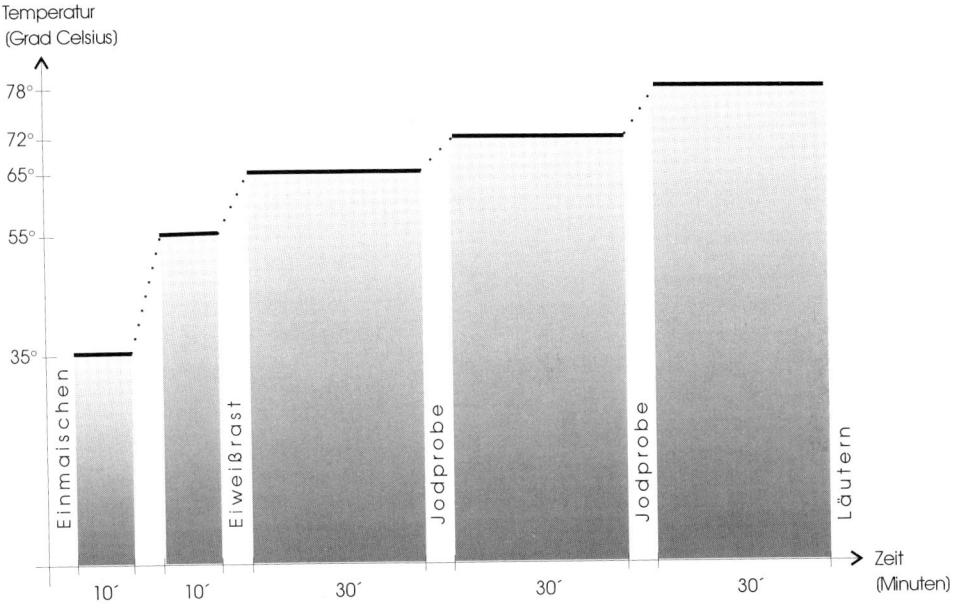

Temperatur
(Grad Celsius)

78°
72°
65°
55°

35°

Einmaischen   EiweiẞRast   Jodprobe   Jodprobe   Läutern

10´   10´   30´   30´   30´

Zeit
(Minuten)

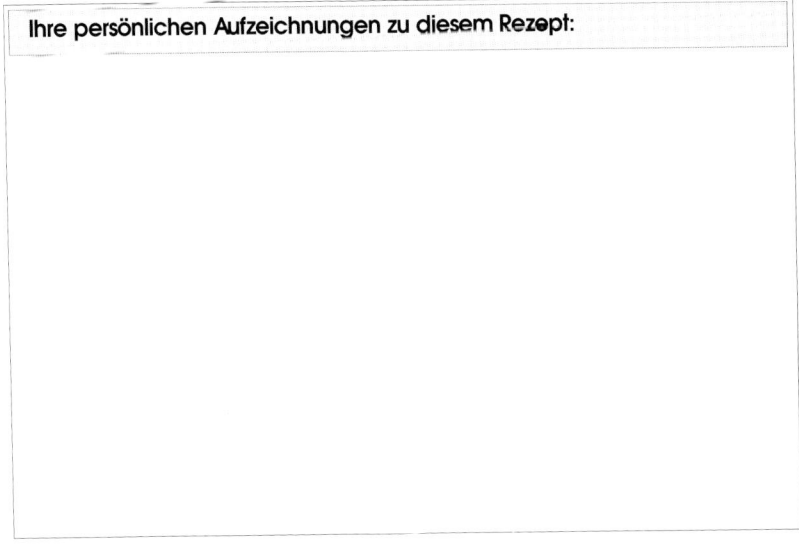

Ihre persönlichen Aufzeichnungen zu diesem Rezept:

MÄRZEN (Untergäriges Bier)

für 10 l Bier		für 20 l Bier	
2,2 kg	helles Malz	4,3 kg	helles Malz
100 g	Münchner Malz	200 g	Münchner Malz
15 g	Hopfen (Pellets)	30 g	Hopfen (Pellets)
8 l	Wasser	14 l	Wasser
Nachguß	8–10 l Wasser	Nachguß	10–12 l Wasser

Einmaischen bei 40°C.
Eiweißrast bei 55°C (15 min.).
Erwärmen auf 65°C, 30 min. Verzuckerungsrast (Jodprobe!).
Erwärmen auf 72°C, 30 min. Endverzuckerungsrast (Jodprobe!).
Erwärmen auf 78°C, 30 min. Rast, danach abläutern.
Der Restzucker wird mit 78°C warmem Wasser ausgewaschen.

Ein abgerundetes, malziges Bier.

Stammwürzegehalt 11–12%.
Lagerzeit 4–5 Wochen.

Märzen

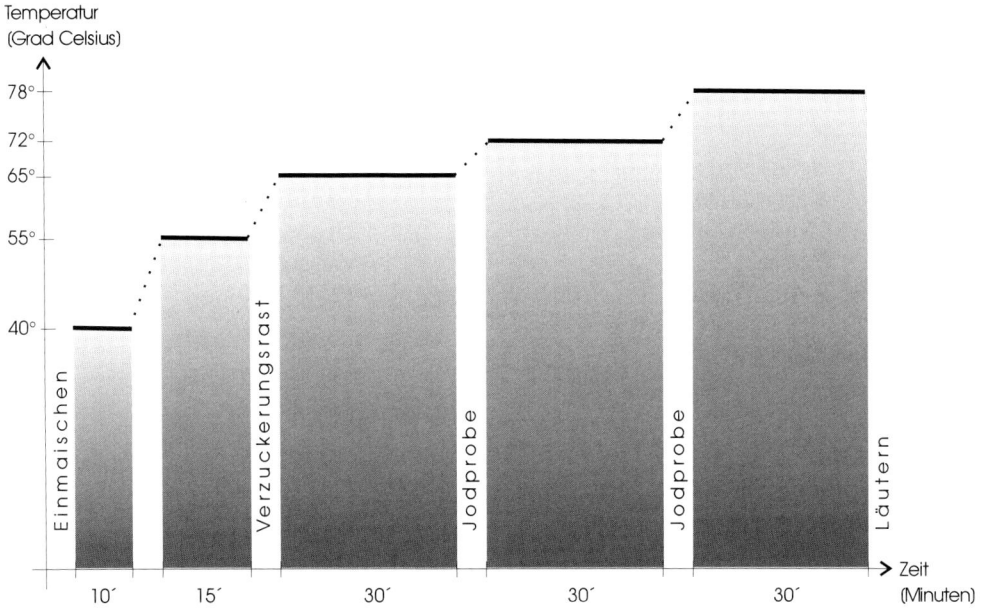

Temperatur
(Grad Celsius)

78°
72°
65°
55°
40°

Einmaischen — Verzuckerungsrast — Jodprobe — Jodprobe — Läutern

10′   15′   30′   30′   30′   Zeit
(Minuten)

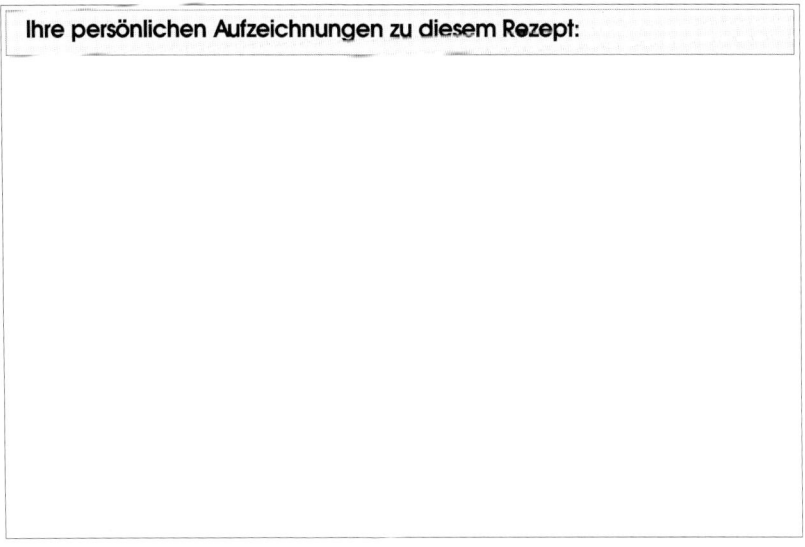

Ihre persönlichen Aufzeichnungen zu diesem Rezept:

SPEZIALBIER (Untergäriges Bier)

für 10 l Bier		für 20 l Bier	
2,5 kg	helles Malz	5 kg	helles Malz
125 g	Karamelmalz	250 g	Karamelmalz
13 g	Hopfen (Pellets)	25 g	Hopfen (Pellets)
7 l	Wasser	13 l	Wasser
Nachguß	8–10 l Wasser	Nachguß	12–13 l Wasser

Einmaischen bei 35°C.
Eiweißrast bei 55°C (15 min.).
Erwärmen auf 65°C, 30 min. Verzuckerungsrast (Jodprobe!).
Erwärmen auf 72°C, 30 min. Endverzuckerungsrast (Jodprobe!).
Erwärmen auf 78°C, 30 min. Rast, danach abläutern.
Der Restzucker wird mit 78°C warmem Wasser ausgewaschen.

Ein vollmundiges, stärkeres Bier.

Stammwürzegehalt 13–14%.
Lagerzeit 5–6 Wochen.

Spezialbier

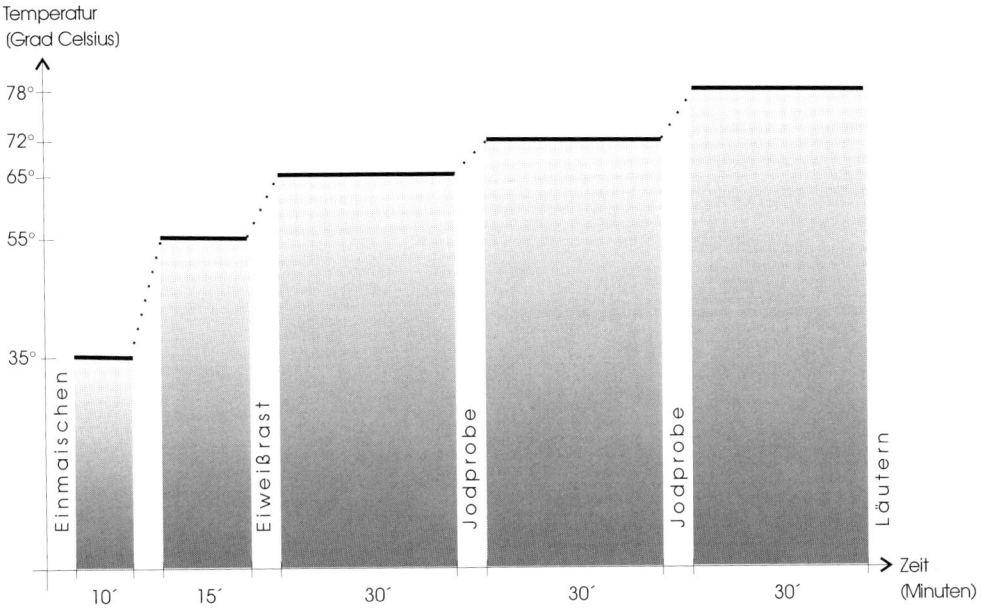

Temperatur
(Grad Celsius)

78°
72°
65°
55°

35°

Einmaischen Eiweißrast Jodprobe Jodprobe Läutern

10′ 15′ 30′ 30′ 30′

Zeit
(Minuten)

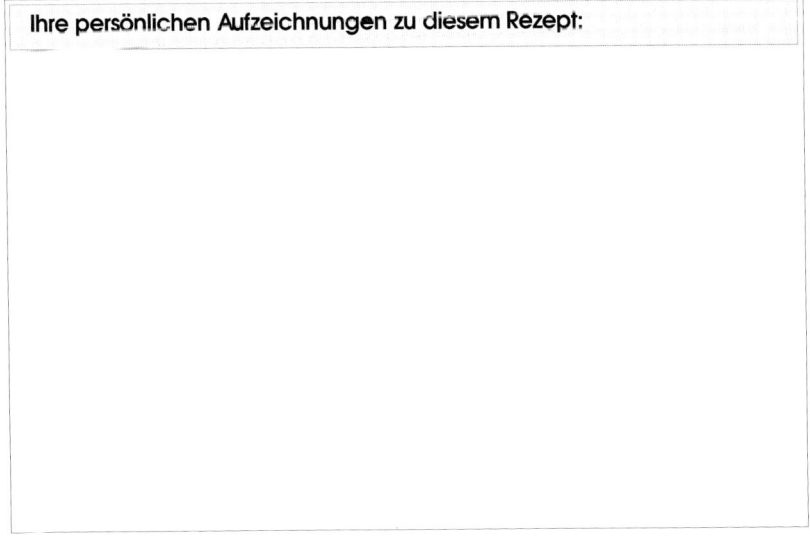

Ihre persönlichen Aufzeichnungen zu diesem Rezept:

89

BOCKBIER (Untergäriges Bier)

für 10 l Bier		für 20 l Bier	
3 kg	helles Malz (Münchner)	6 kg	helles Malz (Münchner)
150 g	Karamelmalz	300 g	Karamelmalz
20 g	Hopfen (Pellets)	40 g	Hopfen (Pellets)
8 l	Wasser	13 l	Wasser
Nachguß	8–10 l Wasser	Nachguß	10–12 l Wasser

Einmaischen bei 35°C.
Eiweißrast bei 55°C (20 min.).
Erwärmen auf 65°C, 30 min. Verzuckerungsrast (Jodprobe!).
Erwärmen auf 72°C, 30 min. Endverzuckerungsrast (Jodprobe!).
Erwärmen auf 78°C, 30 min. Rast, danach abläutern.
Der Restzucker der Maische wird mit 78°C warmem Wasser ausgewaschen.

Bockbier wird zu speziellen Anlässen gebraut!

Stammwürzegehalt ca. 16%.
Lagerzeit 5–7 Wochen.

Bockbier

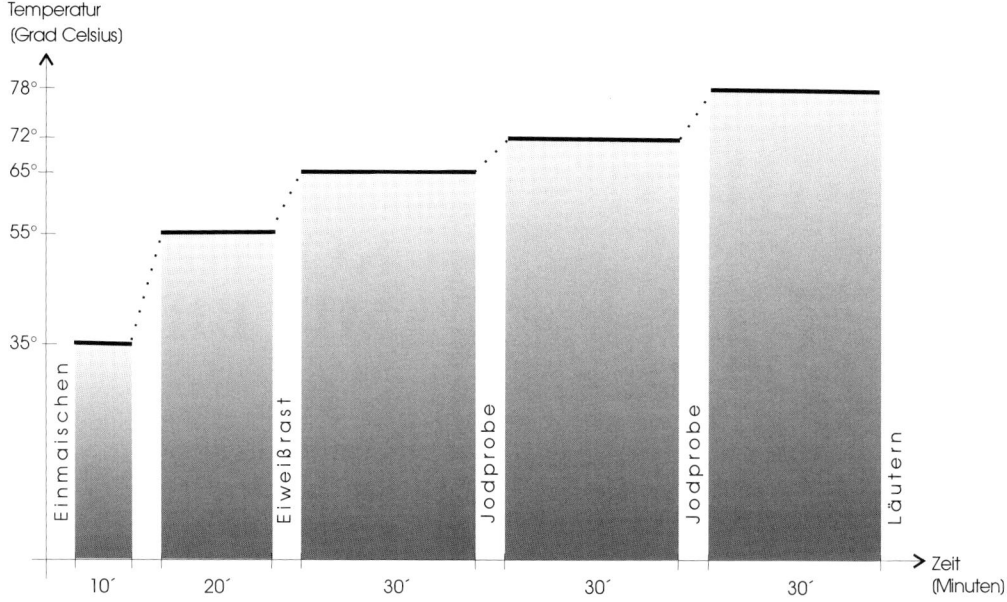

Temperatur
(Grad Celsius)

78°
72°
65°
55°
35°

Einmaischen

Eiweißrast

Jodprobe

Jodprobe

Läutern

10′   20′   30′   30′   30′

Zeit
(Minuten)

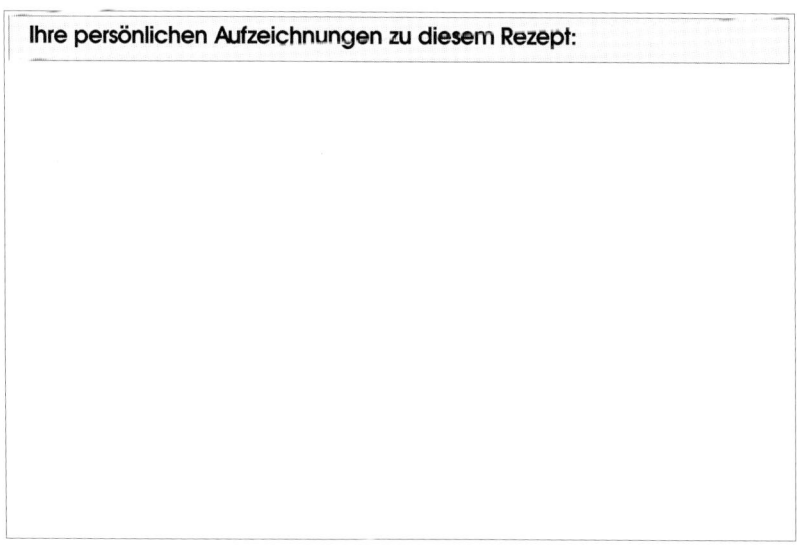

Ihre persönlichen Aufzeichnungen zu diesem Rezept:

Aus unserem Programm:

ISBN 3-7020-0728-8

Christine Hlatky

KOCHEN MIT BIER

136 Seiten,
4 Farbbildseiten,
Pappband,
strapazierfähiger,
cellophanierter
Umschlag.

Bier – sei es nun käuflich erworben oder selbst gebraut – ist ein seit Jahrhunderten bei allen Volksschichten beliebtes und geschätztes Getränk, und seine Zugabe zu den verschiedensten Gerichten verleiht ihnen besondere Würze und Lockerheit.

Die Autorin hat alte Rezepte auf ihre Verwendbarkeit in unseren Tagen genauestens überprüft und sich überdies damit beschäftigt, auch „gängigen" modernen Speisen, gleichgültig, ob Suppen, Gemüse, Hauptgerichte, Fische, Nachspeisen bis hin zu Mischgetränken, durch Bier ihre ganz eigene, unverkennbare Geschmacksrichtung zu verleihen.

Probieren Sie es selber aus, und Sie werden begeistert sein!

Bestellen Sie unverbindlich und kostenlos unser Gesamtverzeichnis:
A-8011 Graz, Hofgasse 5, Postfach 438, Telefon (0 316) 82 16 36
Fax (0 316) 83 56 12

KOCHEN MIT BIER

Mit Bier kochen? Das überließ man früher den „kleinen Leuten". Aber auch diese haben es längst aufgegeben, seit kein Bier im Haus mehr hergestellt wird. Am längsten hat sich die Tradition des Kochens mit Bier im besonders bierfreudigen Belgien gehalten.

Wer beim Kochen Bier verwendet, sollte es zunächst mit kleineren Mengen versuchen, schmecke immer wieder ab, bis das gewünschte Ergebnis erreicht ist. Bier soll ja den Grundgeschmack nicht überdecken oder verfälschen, sondern steigern und unterstreichen. Es soll als **Würze** und zusätzliches **Aroma** dienen.

Darüber hinaus – und das ist ein Vorteil, den Wein nicht besitzt, allenfalls Sekt oder Champagner – verleiht der natürliche Kohlensäuregehalt des Bieres vielen Gerichten zusätzliche Lockerheit.

So in den Rezepten nichts anderes angegeben, beziehen sich die Mengenangaben auf vier Personen.

BIERKULINARIUM

Aperitif	Pils, Weizenbier, Bockbier
Hors d'œuvre	Leichtbier, Pils
Räucherfisch	Weizenbier
Fischgerichte	Weizenbier, Leichtbier
Geflügel	Spezialbier, Pils, Weizenbier
Braten	Spezialbier, Bockbier
Rustikale Gerichte	Märzenbier, Spezialbier
Käse	Bockbier, Märzenbier, Hefeweizen, Pils
Desserts	Doppelbock, Bockbier

BIERKALTSCHALE

1 l helles Bier, 4–6 Eßlöffel (EL) geriebenes Schwarzbrot, 4–6 EL in Bier aufgequollene Korinthen, $^1/_2$ Zitrone, Zucker und Zimt nach Geschmack.

Bier in eine tiefe Schüssel gießen, mit dem geriebenen Schwarzbrot, den Korinthen und der geschälten, in Scheiben geschnittenen und entkernten Zitrone vermengen und mit Zucker und Zimt würzen. Zugedeckt in den Kühlschrank oder auf Eis stellen und sehr kalt servieren.
Bierkaltschalen sind ein erprobtes Mittel gegen den hartnäckigsten Kater!

CHAMPIGNONPASTETEN

125 g frische Champignons, 125 g gekochter Schinken in dünnen Streifen, 2 EL Butter oder Margarine, $^1/_{10}$ l Bier, etwas Zitronensaft, $^1/_4$ Tasse Sahne, Salz und Pfeffer, 4 kleine Blätterteigpasteten.

Die geputzten, in Essigwasser gewaschenen und gut abgetropften Champignons zusammen mit dem Schinken in Butter oder Margarine weichdünsten. Bier und Zitronensaft zugeben und ein wenig einkochen lassen. Mit der Sahne eindicken, salzen und pfeffern. Mit dieser Masse die Pasteten füllen und für kurze Zeit in den heißen Ofen schieben.

BIERSUPPE

$^1/_2$ l helles oder dunkles Bier, 1 EL Mehl, 2 EL Zucker, 30 g Butter, 1 Eigelb, 1 Prise Zimtpulver, 1 Prise Salz, 1 Teelöffel (TL) Sahne.

Bier mit Zucker, Zimt und Salz aufkochen lassen und gut abschäumen. Aus dem Mehl und der Butter eine helle Schwitze bereiten und nach und nach zu der Suppe geben. Suppe vom Feuer nehmen und das mit der Sahne verrührte Eigelb unterziehen.

SCHWEIZER BIERSUPPE

$^1/_2$ l dunkles Bier, $^1/_2$ l Fleischbrühe, 60 g Mehl, 50 g Butter oder Margarine, 1 große feinge-
schnittene Zwiebel, Salz und Pfeffer.

Die Zwiebel in einer tiefen Kasserolle in Butter oder Margarine hellgelb dünsten und
das Mehl darin leicht anrösten. Bier und Fleischbrühe unter ständigem Schlagen da-
zugießen und das Ganze sanft kochen lassen. Kurz vor dem Servieren mit fein ge-
schnittenem Schnittlauch und feingeriebenem Käse überstreuen. Auf Wunsch kann
diese Suppe, in große Tassen gefüllt, auch noch im Ofen kurz überbacken werden.

BRAUERSUPPE

1 große Zwiebel, 1 Zweig Grünkohl, 2 Karotten, $^1/_2$ Sellerieknolle, 1 weiße Rübe, 125 g frischer
Bauchspeck in kleinen Würfeln, 2 EL Butter oder Margarine, 1 l helles, leichtes Bier,
1 Stückchen Würfelzucker, $^1/_4$ Tasse Rollgerste, 1 EL Reismehl, 2 Eigelb, $^1/_4$ l frische Sahne,
1 frisch gekochte rote Rübe (Beete).

Das Gemüse in Würfel schneiden und im Speck sowie in der Butter oder Margarine
andünsten. Das Bier darübergießen und die Rollgerste sowie das in Bier angerührte
Reismehl und das Stückchen Zucker hinzugeben. Das Ganze $1^1/_2$ Stunden sieden lassen. Topf vom Feuer nehmen und die Eigelbe unterziehen. Kurz vor dem Servieren die
in dünne Streifen geschnittene rote Rübe zugeben.

KNOBLAUCH-BROTWÜRFEL ZUR BIERSUPPE

2 Scheiben Weißbrot, 2 EL Butter oder Margarine, 2 zerdrückte Knoblauchzehen.

Weißbrotscheiben entrinden, in kleine Würfel schneiden und zusammen mit dem
Knoblauch in der Butter oder Margarine goldgelb rösten.

BIERFLEISCH

500 g Schweinsschulter, 2 Zwiebeln, 20 g Butter, Salz und Pfeffer, Kümmel, $^3/_4$ l Bier, 2–3 EL Schwarzbrotbrösel.

Die Zwiebeln fein hacken und in der Butter anlaufen lassen. Das würfelig geschnittene Schweinefleisch dazugeben, pfeffern, mit Kümmel bestreuen und das Bier darüber-gießen. Über kleinem Feuer $^1/_2$ Stunde kochen lassen, die Brösel darüberstreuen und alles zusammen im Rohr fertigdünsten, wobei die Flüssigkeit weitgehend verdampft und nur ein dicksämiger Rückstand bleibt.

ZIGEUNERBRATEN

1 kg Rindfleisch (Filet) im Ganzen, 125–150 g Räucherspeck in dünnen, langen Scheiben, 3–4 EL Schweineschmalz, 4 große, feingeschnittene Zwiebeln, 2 der Länge nach dünn ge-schnittene Karotten, 3 EL Tomatenmark, 2 Gläser dunkles Bier.

Das Fleisch in etwa 2 cm Abstand 4–5 cm tief einkerben und die Schnittstellen mit je einer Scheibe Speck füllen, salzen und pfeffern. Das Fleisch mit einem Faden fest um-wickeln, mit den Zwiebeln im Schweineschmalz gut anbräunen und Karotten wie To-matenmark zugeben. Mit dem Bier löschen. Braten unter häufigem Begießen weiter-bräunen. Wenn er gar ist, die Sauce durch ein Sieb gießen.

PFEFFERSTEAK

4 Rinderfilets von etwa $^1/_2$ cm Dicke, grob gemahlener Pfeffer, 4 feingehackte Schalotten oder 2 feingehackte Zwiebeln, 2 feingeschnittene Karotten, 3 EL Butter oder Margarine, $^1/_4$ l dun-kles Bier, 1 Tasse dunkle Mehlschwitze, Salz, $^1/_2$ Lorbeerblatt, 1 Prise Thymian, eine zerdrückte Knoblauchzehe.

Schalotten bzw. Zwiebeln und Karotten in Butter oder Margarine weichdünsten, aber nicht Farbe annehmen lassen. Filets salzen, gründlich mit grobem Pfeffer einreiben und dann auf jede Scheibe etwas von dem angedünsteten Gemüse streichen. Steaks aufeinanderlegen und mit einem Faden zusammenbinden. Steaks von allen Seiten in Butter oder Margarine anbraten, mit dem Bier löschen und zu der Sauce Lorbeerblatt,

Thymian und Knoblauch geben. Ganz zum Schluß mit der braunen Mehlschwitze binden.

FASCHIERTER BRATEN

750 g faschiertes Fleisch (Hackfleisch; halb Rind-, halb Schweinefleisch oder Rind, Kalb- und Schweinefleisch zu gleichen Teilen), 2 Semmeln (Brötchen), 1 Ei, 30 g Butter, 1 Zwiebel, 1 EL gehackte Petersilie, Salz, Pfeffer, Majoran, 50 g Öl, 50 g Speckscheiben, 1 EL Mehl, $^1/_4$ l Bier.

Die Semmeln in Milch oder Wasser einweichen, fein zerdrücken und zum Fleisch geben. Die gehackte Zwiebel und Petersilie in der Butter anlaufen lassen und zusammen mit dem Ei zur Fleischmasse geben, salzen, pfeffern und je nach Geschmack etwas Majoran hinzufügen. Die Masse sehr gut durcharbeiten, einen länglichen Wecken formen, in eine Pfanne mit erhitztem Fett geben, mit Speckscheiben belegen und ca. 45 min. bei mittlerer Hitze im Rohr braten. Stetig mit Bier aufgießen.

BÖHMISCHES GULASCH

250 g Rindfleisch, 250 g Schweinefleisch, 3 grob gehackte Zwiebeln, 2 EL Schweineschmalz, 6 Pfefferkörner, 1 Lorbeerblatt, $^1/_2$ l Bier vom Pilsner Typ, $^1/_2$ Tasse Semmelbrösel, 3 Tassen Sauerkraut, 1 EL Kümmelkörner.

Das Fleisch in große Würfel schneiden und zusammen mit den Zwiebeln in Schweineschmalz von allen Seiten scharf anbraten. Mit dem Bier löschen, Gewürze zugeben und mit den Semmelbröseln binden. Das Sauerkraut darüberlegen und das Ganze ca. 1–1$^1/_2$ Stunden schmoren lassen.

SCHWEINSKOTELETTS MIT PFLAUMEN

4 große Schweinskoteletts, Salz und Pfeffer, 2 EL Butter oder Margarine, 125 g Dörrpflaumen, $^1/_2$ l dunkles Bier, 1 TL Stachelbeergelee, $^1/_2$ Tasse süße Sahne.

Die Koteletts salzen, pfeffern und in Butter oder Margarine nicht ganz durchbraten. In einer feuerfesten Schüssel warm halten. Zuvor die Dörrpflaumen in Bier einweichen und dann eine $^1/_2$ Stunde lang kochen. Mit dem Schaumlöffel herausnehmen und die Koteletts damit umlegen. Die Pflaumensauce stark einkochen, mit Stachelbeergelee abschmecken und mit Sahne binden. Sauce über die Koteletts gießen und das Ganze nochmals in den heißen Ofen schieben.

RINDERSCHMORBRATEN

750 g Rindfleisch, $^1/_4$ l Bier, Salz, Pfeffer, 2 EL Öl, 65 g Speck, 4 EL Essig, 1 EL Honig, 1 Lorbeerblatt, $^1/_2$ TL Pfefferkörner, 250 g Zwiebeln, 250 g Karotten, 1 Bund Petersilie, 1 Stengel Estragon, 1 EL Mehl, 200 g saure Sahne.

Das Fleisch mit Salz und Pfeffer einreiben und in heißem Öl rundum anbraten. Den Speck in Scheiben schneiden und auf das Fleisch legen. Das Bier, ungefähr $^1/_8$ l Wasser, den Essig, Honig, Lorbeer und Pfefferkörner zugeben. Aufkochen lassen und bei kleiner Hitze 90–120 min. schmoren lassen. Inzwischen Zwiebeln und Karotten grob zerschneiden, nach 45 min. mitsamt Petersilie und Estragon zum Braten in die Pfanne legen. Ist zuviel Flüssigkeit verdampft, ein wenig Wasser nachgießen.
Den fertigen Braten halten Sie auf einer Platte warm, legen Karotten und Zwiebeln dazu. Das Mehl verrühren Sie mit der Sahne und geben es in den Topf. Diese Sauce lassen Sie 5 min. schwach kochen, geben Sie durch ein Sieb und servieren Sie extra.

WILDSCHWEINKEULE

1 kg Wildschweinkeule, $^1/_4$ l Malzbier, $^3/_8$ l Fleischbrühe, Salz, Pfeffer aus der Mühle, 4 zerdrückte Wacholderbeeren, 1 El Senf (Estragon), 125 g fetter Speck, 2 Zwiebeln, 1 Karotte, 2 EL Mehl, 1 EL Preiselbeergelee, Zitronensaft.

Reiben Sie das Fleisch mit Salz, Pfeffer und Wacholder ein, und bestreichen Sie es mit Senf. In einer Pfanne lassen Sie den fein gewürfelten Speck aus. Darin braten Sie die Keule rundum braun an. Währenddessen schneiden Sie Zwiebeln und Karotten in Würfel und braten beides kurz mit. Die Fleischbrühe (heiß gemacht) gießen Sie mit dem Bier dazu. Sie lassen aufkochen und schmoren dann das Fleisch bei kleiner Hitze 10 min. lang. Nehmen Sie den Braten heraus, stellen Sie ihn auf einer Platte warm und seihen Sie den Bratfond durch ein feines Sieb. Rühren Sie das Mehl mit ein wenig Wasser glatt und quirlen Sie es in die Sauce, lassen Sie die Sauce aufkochen und 5 min. sanft köcheln. Schmecken Sie mit Preiselbeergelee, Zitronensaft, Salz und Pfeffer ab!

FORELLEN IM SUD

4 ausgenommene Forellen, $^3/_4$ l Bier, 2 Lorbeerblätter, 3 Nelken, 5 Wacholderbeeren, 5 Pfefferkörner, 2 Zwiebeln.

Bier mit etwas Wasser, den Gewürzen und den grob gewürfelten Zwiebeln kochen. Die gewaschenen Forellen hineinlegen und 10 min. sanft kochen lassen. Mit brauner zerlassener Butter servieren.

GEFÜLLTE KALBSROULADEN

4 dünne, flach geklopfte Kalbsschnitzel, 250 g Schweinefleisch, 1 fein gehackte und in Fett gedünstete Zwiebel, 1 in Milch eingeweichtes Brötchen, Salz, Pfeffer, Lorbeerblatt, etwas Thymian, 3 EL Butter, 1 Prise Muskat, 1 TL Mehl, 1 TL Tomatenmark, $^1/_4$ TL Knoblauchsalz, $^1/_4$ Tasse eingeweichte Korinthen, helles Bier nach Bedarf.

Das sehr fein gehackte Schweinefleisch mit der Zwiebel in Fett andünsten, würzen, mit ein wenig Bier löschen und mit Mehl bestäuben, Tomatenmark, Lorbeerblatt, Thymian, Knoblauchsalz und Korinthen zugeben, wieder mit etwas Bier auffüllen und solange kochen lassen, bis eine geschmeidige Farce entsteht. Mit dieser die gesalzenen Schnitzel füllen, zusammenrollen, zusammenbinden. Die Rollchen in Fett rundum braten, bis sie schön goldbraun sind.

HÄHNCHEN IN BIER (2 Personen)

1 Hähnchen, 65 g gewürfelter, frischer Speck, 1 in Scheiben geschnittene Zwiebel, etwas Mehl, $^1/_4$ l helles Bier, $^1/_4$ Tasse fein gehackte Petersilie, 1 Prise Majoran, Salz und Pfeffer, 1 Tasse Champignons.

Die Hähnchen in 4 Teile zerlegen und im Speck mit der Zwiebel zusammen goldbraun braten. In eine feuerfeste Form mit gut schließendem Deckel legen, mit Mehl bestäuben und dem Bier löschen. Petersilie, Champignons und Gewürze zugeben und das Ganze $^3/_4$ Stunden lang schmoren lassen.

ÜBERBACKENE KARTOFFELN

500 g frisch geschälte rohe Kartoffeln, 2 EL Butter, 125 g durchwachsener Speck in dünnen Scheiben, etwas Schweineschmalz, $^1/_2$ Tasse frische Sahne, $^1/_2$ Tasse helles Bier, 1 Ei, Salz und Pfeffer, Semmelbrösel mit Butterflöckchen.

Die Kartoffeln in $^1/_2$ cm dicke Scheiben schneiden und eine ausgebutterte, feuerfeste Form mit ihnen auslegen. Darauf die in Schmalz angebratenen Speckscheiben legen. Diese wiederum mit Kartoffelscheiben bedecken. Die Sahne mit dem Bier und dem Ei verquirlen und über die Kartoffeln geben, salzen und pfeffern. Die Kartoffeln mit Semmelbröseln bestreuen, mit Butterflöckchen belegen und etwa $^1/_2$ Stunde lang im Ofen überbacken.

BRAUERPUDDING

1 l helles Bier, 200 g Sago, 200 g Puderzucker, 150 g kandierte Früchte, 100 g Sultaninen, die in Kirschwasser eingeweicht wurden, eine Stange Vanille, 10 Eigelb, $^2/_{10}$ l Sahne, etwas Butter.

Das Bier mit dem Zucker und der Vanille aufkochen, Sago hinzugeben und noch einmal aufkochen lassen. Topf vom Feuer nehmen und die Eigelbe sowie die kandierten Früchte und Sultaninen unterziehen. Eine Puddingform mit Butter ausstreichen, mit der Masse füllen und den Pudding im Wasserbad $^1/_2$ Stunde erhitzen. Entweder heiß mit Rahmsauce oder kalt mit Stachelbeersauce servieren.

EIERBIER

1 l helles Bier, etwas unbehandelte Zitronenschale, 1 kleine Zimtstange, 1 EL Puderzucker, 4 Eigelb.

Die Eigelbe gründlich mit dem Zucker verquirlen. Das Bier mit der Zitronenschale und der Zimtstange im Wasserbad so erhitzen, daß es nicht kocht. Durch ein Sieb geben und wieder ins Wasserbad stellen. Die Eigelbe unter ständigem Schlagen mit dem Schneebesen zugeben. Das Getränk muß schäumen. Sofort servieren!

BIERPUNSCH

Je Glas 1 TL Zucker, $^1/_3$ Zitronensaft, $^1/_3$ Sherry dry, $^1/_2$ Weinbrand und helles Bier zum Auf-füllen.

Im Shaker mit einem Eiswürfel schütteln, über Eis ins Punsch- bzw. Limonadenglas seihen, gut verrühren, mit einer unbehandelten Zitronenschale belegen, mit hellem Bier aufgießen und mit Muskatnuß leicht überstreuen.

BIERTEIG

400 g Weizenmehl, $^3/_4$ l helles Bier, ein wenig Salz oder auch Zucker.

Das Bier langsam unter ständigem Schlagen und Rühren zum Mehl geben und den Teig nach gründlichem Durchkneten mindestens $^1/_2$ Stunde lang ruhen lassen. Kein Ei dazu nehmen, wie manchmal geraten wird! Ohne Ei wird das Backgut rescher und knuspriger. Wollen Sie Fleisch- oder Gemüsereste im Bierteig ausbacken, so geben Sie etwas Pfeffer zum Salz. Das Backgut wird leicht mit Mehl bestäubt, ehe Sie es in den Teig hüllen. Dann wird es mit der Gabel in das nicht zu heiße, schwimmende Fett getaucht und dort solange gelassen, bis es sich goldbraun zu färben beginnt. Mit einer elektrischen Friteuse geht es am besten, da sich die Ausbacktemperatur (am besten bei 180° C) genau regulieren läßt.

APFELKRAPFEN IN FEINEM BIERTEIG

Feiner Bierteig:
250 g Mehl, 1 EL Öl, $^1/_4$ l helles Bier, 1 EL Kirschwasser, 3 Eier, 1 Prise Salz.

Äpfel schälen und in kleine Stücke (ohne Kerngehäuse) zerschneiden. Wenn der Teig zu flüssig ist, etwas Mehl zugeben. Da hinein rühren Sie die Äpfel. Mit einem großen Löffel geben Sie Portionen dieses Teiges mit den Äpfeln ins Fett. Mit reichlich Zucker und Zimt bestreuen.

BIERBOWLE

2¹/₂ l helles Märzenbier, 400 g Kirschen, 250 g Zucker, 1 unbehandelte Zitrone, ³/₈ l Kornbranntwein.

Kirschen mit Zucker und Zitronenschale aufkochen und erkalten lassen. Dann mit Korn, Zitronensaft sowie ¹/₂ l Bier mischen und 1 Stunde kalt stellen. Mit dem restlichen eisgekühlten Bier auffüllen.

SCHAUMBIER

1 l Bier, 4 Eier, 100 g Zucker und die abgeriebene Schale einer unbehandelten Zitrone.

Die Eier aufschlagen und in einen Topf geben. Mit Bier, Zucker und Zitronenschale mischen. Unter ständigem Schlagen mit einem Schneebesen bis kurz vor dem Kochen erhitzen. Den Topf vom Herd nehmen, kurze Zeit weiterschlagen. In Gläser füllen und servieren.

SÜSSE BIERSUPPE

¹/₂ l Milch, ¹/₂ l Malzbier, etwas Zimt, 25 g Stärkemehl, Zucker, 1 Eigelb, 1 Schuß Kognak oder Kirschwasser.

Sie rühren das Stärkemehl mit etwas Milch an. Den Rest der Milch kochen Sie mit dem Zimt auf und geben das angerührte Stärkemehl dazu. Lassen Sie noch einmal kochen! Dann gießen Sie das Bier hinein und erhitzen alles zusammen bis zum Kochen. Nun brauchen Sie nur nach Geschmack zuckern und das verquirlte Eigelb zugeben. Kurz vor dem Servieren den Kognak oder das Kirschwasser hineinmischen.

HAFER-BIERSUPPE

100 g Haferflocken, 1 l helles Bier, ¹/₂ TL Ingwer, Zucker.

Sie mischen das Bier mit den Haferflocken und geben auch den Ingwer dazu. Bei mäßiger Hitze kochen lassen, während Sie rühren. Wenn die Suppe länger kocht, wird sie dicker. Wenn sie zu dick ist, gießen Sie einfach noch mehr Bier hinzu. Schmecken Sie mit Zucker ab!

GEEISTE BIERCREME

4 Eigelb, $^1/_8$ l starkes Doppelmalzbier, 2 EL Zucker oder Honig, $^1/_4$ l Sahne, 5 Stück Würfelzucker, 1 unbehandelte Orange.

Die Zuckerwürfel an der gewaschenen Orange reiben und mit dem Bier, den Eigelben und dem Zucker über Dampf zur Creme aufschlagen. Die Creme in Eiswasser kalt schlagen, die geschlagene Sahne unterheben, in Förmchen füllen und tiefkühlen.

JOGHURTBIER

$^1/_2$ l helles Bier, 600–700 g Joghurt, 1 EL Zucker, 1 unbehandelte Zitrone, 4 EL Preiselbeerkonfitüre.

Im Mixer Bier, Joghurt, Zucker und den Saft von $^1/_2$ Zitrone mixen. In 4 hohe Gläser füllen, die zweite Hälfte der Zitrone in 4 Ringe schneiden (oberes Ende wegschneiden). Auf jedes Glas eine Zitronenscheibe legen, mit Preiselbeerkonfitüre garnieren und eiskalt servieren.

BIER UND MEDIZIN

Bier ist nicht nur ein erfrischendes und durstlöschendes Getränk, es bietet infolge seiner Zusammensetzung auch viele medizinische Anwendungsmöglichkeiten.
Wie wissenschaftliche Untersuchungen gezeigt haben, ist Bier ein wertvoller Lieferant von **Vitaminen, Mineralstoffen** und lebenswichtigen **Spurenelementen.**

EIGENSCHAFTEN DES BIERES

DURSTLÖSCHER
    Wasser und Mineralstoffe

ERFRISCHUNG
    Kohlendioxid und organische Säuren

ENTSPANNUNG UND ANREGUNG
    Bitterstoffe und Alkohol

GESCHMACK UND GERUCH
    Aromastoffe und Herbstoffe

NÄHRWERT
    Vitamine, Aminosäuren und Kohlenhydrate

DIÄT
    Arm an Natrium- und Kohlenhydraten (Diätbier)

Nachdem durch den Brauprozeß die Inhaltsstoffe des Malzes und des Hopfens gleichsam bereits „vorverdaut" wurden, eignet sich Bier besonders als **Aufbaunahrung** nach schweren Erkrankungen und Operationen. Es kann vom Körper leicht aufgenommen werden, ohne den Organismus zusätzlich zu belasten, und wirkt **appetitanregend.** Die antiseptische Wirkung des Hopfens hat zur Folge, daß sich auch in verdorbenem Bier keine schädlichen Bakterien bilden können. Daher besteht beim Biergenuß keine Gefahr, pathogene Keime aufzunehmen.
Bier enthält Alkohol, wenn auch im Vergleich zu Wein und Schnaps in wesentlich geringeren Mengen. Doch soll hier nicht einem exzessiven Bierkonsum das Wort geredet werden! **Maßhalten – nicht die Maß halten!** Bier als Genußmittel regt die Herz-Kreislauf-Funktion an, fördert die Verdauung, wirkt sich positiv auf die Durchblutung aus und schwemmt durch das Ausscheiden über die Nieren viele Schadstoffe aus dem Körper. Beim Konsum von einem Liter Wasser werden durchschnittlich 385 ml Urin ausgeschieden, bei der gleichen Menge Bier hingegen 1012 ml – also mehr Flüssigkeit, als zugeführt wird!

Untersuchungen bei Sportlern, die ihren Körper andauernd belasten, sowie bei körperlich schwer arbeitenden Personen haben erwiesen, daß Bier nicht nur verlorene Flüssigkeit rasch ersetzt, sondern auch Mineralsalze und Spurenelemente liefert. Die Konzentrations- und Leistungsfähigkeit von Sportlern konnten durch kontrollierten Bierkonsum ebenfalls gesteigert werden.

Viele **Hausmittel** setzen Bier zur Bekämpfung der unterschiedlichsten Erkrankungen ein. Langzeituntersuchungen haben eine gewisse prophylaktische Wirkung durch mäßigen Bierkonsum vermuten lassen.

Durch klinische Versuche konnte ein positiver Effekt von Bier auf die Milchproduktion **stillender Mütter** nachgewiesen werden, ohne daß infolge des Alkoholgehalts schädliche Nebenwirkungen aufgetreten wären. Auch **Schwangeren** wird zur Ergänzung der Nahrung mit Mineralsalzen, Kalzium, Phosphor und Magnesium empfohlen, in den letzten Wochen der Gravidität Bier zu trinken.

INHALTSSTOFFE DES BIERES

BIER ENTHÄLT:
- 455 g Wasser
- 20 g Alkohol
- 20 g Wirklichen Extrakt
- 2,5 g Eiweiß
- 2,5 g gelöstes Kohlendioxid

DARÜBER HINAUS:
- Vitamine
- Mineralstoffe
- Bitterstoffe
- Sonstiges

RECHTLICHE BESTIMMUNGEN

Schon der altbabylonische König **Hammurapi** (1728–1686 v. Chr.) erließ erste schriftlich überlieferte Regeln für die Herstellung und Verbreitung von Bier, wobei er strenge Strafen für deren Nichteinhaltung androhte.

Um gesundheitliche Probleme durch Verwendung von für uns heute unvorstellbaren Zutaten (wie Ochsengalle, Schlangenkraut, Wermut) hintanzuhalten, erließ Herzog **Wilhelm von Bayern** 1516 das **„Reinheitsgebot".** Auch wenn sich der Wortlaut dieser Verordnung im heutigen Juristendeutsch anders anhört – ihr Inhalt ist über Jahrhunderte gleich geblieben.

Doch nun zur Gegenwart: Wiewohl die EU lange Jahre versucht hat, die Zusammensetzung verschiedener Lebensmittel zu harmonisieren, gelang dies bei Bier jedenfalls nicht. Bier unterliegt daher auch in der EU den jeweiligen nationalen Zusammensetzungserfordernissen.

Mit dem EWR-Abkommen mußte jedoch auch die Judikatur des Europäischen Gerichtshofes (EuGH) übernommen werden. In vielen Urteilen – bekannt unter dem Schlagwort „Cassis"-Judikatur – vertrat der EuGH den Standpunkt, daß ein Produkt, das in einem Mitgliedstaat verkehrsfähig ist, auch in allen anderen Mitgliedstaaten verkehrsfähig sein muß. Auch in Sachen Bier gab es ein richtungsweisendes Urteil des EuGH im Zusammenhang mit dem Reinheitsgebot in Deutschland. Mit dem Inkrafttreten des EWR-Abkommens zum 1. Januar 1994 findet diese Judikatur des EuGH auch auf Österreich Anwendung. Dies bedeutet, daß Biere aus dem EWR-Raum, die den Bestimmungen des Herstellungslandes entsprechen, auch in Österreich verkehrsfähig sein müssen. Zur Täuschung des Verbrauchers geeignete Abweichungen in der Zusammensetzung sind jedoch kenntlich zu machen.

DAS DEUTSCHE BIERSTEUERGESETZ

Die aktuelle Regelung der zulässigen Rohstoffe für die Erzeugung von Bier ist in **§ 9 des Deutschen Biersteuergesetzes** enthalten. Explizit werden alle Grundstoffe angeführt.

§ 9 Bierbereitung

(1) Zur Bereitung von untergärigem Bier darf, abgesehen von den Vorschriften in den Absätzen 4 bis 6, nur Gerstenmalz, Hopfen, Hefe und Wasser verwendet werden.

(2) Die Bereitung von obergärigem Bier unterliegt derselben Vorschrift; es ist hierbei jedoch auch die Verwendung von anderem Malz und die Verwendung von technisch reinem Rohr-, Rüben- oder Invertzucker sowie von Stärkezucker und aus Zucker der bezeichneten Art hergestellten Farbmitteln zulässig.

(3) Unter Malz wird alles künstlich zum Keimen gebrachte Getreide verstanden.

(4) Die Verwendung von Farbebieren, die nur aus Malz, Hopfen, Hefe und Wasser hergestellt sind, ist bei der Bierbereitung gestattet, unterliegt jedoch besonderen Überwachungsmaßnahmen.

(5) An Stelle von Hopfen dürfen bei der Bierbereitung auch Hopfenpulver oder Hopfen in anderweit zerkleinerter Form oder Hopfenauszüge verwendet werden, sofern diese Erzeugnisse den nachstehenden Anforderungen entsprechen:

1. Hopfenpulver und anderweit zerkleinerter Hopfen sowie Hopfenauszüge müssen ausschließlich aus Hopfen gewonnen sein.

2. Hopfenauszüge müssen

   a) die beim Sudverfahren in die Bierwürze übergehenden Stoffe des Hopfens oder dessen Aroma- und Bitterstoffe in einer Beschaffenheit enthalten, wie sie Hopfen vor oder bei dem Kochen in der Bierwürze aufweist.

   b) Den Vorschriften des Lebensmittelrechts entsprechen.

   Die Hopfenauszüge dürfen der Bierwürze nur vor Beginn oder während der Dauer des Würzekochens beigegeben werden.

(6) Als Klärmittel für Würze und Bier dürfen nur solche Stoffe verwendet werden, die mechanisch oder adsorbierend wirken und bis auf gesundheitlich, geruchlich und geschmacklich unbedenkliche, technisch unvermeidbare Anteile wieder ausgeschieden werden.

(7) Auf Antrag kann im einzelnen Fall zugelassen werden, daß bei der Bereitung von besonderen Bieren und von Bier, das zur Ausfuhr oder zu wissenschaftlichen Versuchen bestimmt ist, von den Absätzen 1 und 2 abgewichen wird.

(8) Die Vorschriften in den Absätzen 1 und 2 finden keine Anwendung für diejenigen Brauereien, die Bier nur für den Hausbedarf herstellen (Hausbrauer).

(9) Der Zusatz von Wasser zum Bier durch Brauer nach Feststellung des Extraktgehalts der Stammwürze im Gärkeller oder durch Bierhändler oder durch Wirte ist untersagt. Das Hauptzollamt kann Brauern unter den erforderlichen Sicherungsmaßnahmen den Zusatz von Wasser zum Bier nach Feststellung des Extraktgehaltes der Stammwürze im Gärkeller gestatten.

(10) Die Vermischung von Einfachbier, Schankbier, Vollbier und Starkbier miteinander sowie der Zusatz von Zucker zum Bier durch Brauer nach Entstehung der Steuer oder durch Bierhändler oder Wirte ist untersagt. Der Bundesminister der Finanzen kann Ausnahmen zulassen.

(11) Zur Herstellung von obergärigem Einfachbier kann nach Maßgabe der Zusatzstoff-Zulassungsverordnung vom 20. Dezember 1977 in der jeweils geltenden Fassung Süßstoff verwendet werden.

DAS ÖSTERREICHISCHE LEBENSMITTELBUCH

In Österreich regelt das **Österreichische Lebensmittelbuch** (Codex Alimentarius Austriacus) die Biererzeugung. Viele seiner Bestimmungen sind strenger als die einschlägigen Bestimmungen in der Bundesrepublik Deutschland. Für die Bierherstellung ist aber eine Reihe von **Zusatzstoffen** zulässig, die in Deutschland als Folge des „Deutschen Reinheitsgebotes" nicht verwendet werden dürfen.

Viele Brauereien in Österreich brauen aber ebenfalls gemäß den Bestimmungen des „Deutschen Reinheitsgebotes".

I. Beschreibung

1 Bier ist ein aus Zerealien, Hopfen und Wasser durch Maischen und Kochen hergestelltes, durch Hefe vergorenes, alkohol- und kohlensäurehältiges Getränk.

2 Als Zerealien (vermälzt[1] oder unvermälzt) werden Gerste, Weizen, Reis, Mais oder Erzeugnisse aus diesen verwendet.

3 Die Schüttung enthält mindestens 75 Gew.% Gersten- oder Weizenmalz oder Mischungen dieser beiden Malzarten.

4 Außer Doldenhopfen werden nur aus diesem gewonnene Hopfenprodukte (z. B. Hopfen-Pellets, Hopfenkonzentrate, Hopfenextrakte) ohne jeglichen Zusatz verwendet.

5 Nach der Art der verwendeten Hefe unterscheidet man untergärige und obergärige Biere. Es werden zur Gärung nur reine Hefestämme verwendet, lediglich für spezielle obergärige Biersorten können auch Mischkulturen mit Milchsäurebakterien verwendet werden.

6 Die Stärke des Bieres kommt in der Grädigkeit der Stammwürze zum Ausdruck. Jeder Grad Stammwürze bedeutet 1 Gramm Extrakt in 100 Gramm unvergorener Würze.

7 Biere mit einer Stammwürze von 9 bis 10 Grad werden als Abzugbiere, von 10 bis 12 Grad als Schankbiere, von 12 bis 14 Grad als Vollbiere bezeichnet. Biere mit einer Stammwürze von 13 Grad oder mehr können als Spezialbiere bezeichnet werden.
Nur Biere mit mindestens 16 Grad Stammwürze werden als Starkbier, Bockbier, Porterbier, Oster-, Pfingst- oder Weihnachtsbier bezeichnet. Biere mit höchstens 9 Grad Stammwürze und höchstens 3,7 Vol.% Alkohol werden als Leichtbier bezeichnet.

8 Als Lager- oder Märzenbier wird ein für Österreich typisches, ausgewogen-malziges, mild-hopfenbitteres, untergäriges Bier im Stammwürzebereich zwischen 12 und 12,8 Grad bezeichnet. Als Pils oder sinngemäß bezeichnete Biere sind untergärig und weisen eine Stammwürze zwischen 11 und 13 Grad auf; sie sind im wesentlichen stärker gehopft und hellfärbig. Als Weizenbier (Weißbier) bezeichnete Biere enthalten mindestens 50 Gew.% Weizenmalz in der Schüttung und weisen – sofern es sich nicht um Stark- oder Leichtbier im Sinne des Abs. 7 handelt – üblicherweise eine Stammwürze zwischen 11 und 13 Grad auf. Eine spezifische Sortenbezeichnung im vorhin genannten Sinn ersetzt eine Bezeichnung gemäß Abs. 7.

9 Bei in Verpackungen für Letztverbraucher in Verkehr gebrachten Bieren wird die Stammwürze in Graden deutlich sicht- und lesbar angegeben. Die Toleranz für die Deklaration der Stammwürze beträgt 0,2, bei Flaschengärung 0,5. Es erfolgt auch ein Hinweis, daß Bier vor Wärme geschützt zu lagern ist.

10 Bier ist ein durch Gärung erzeugtes Getränk, wobei der Alkohol einen wesentlichen Bestandteil darstellt. Bei in Verpackungen für Letztverbraucher in Verkehr gebrachten Bieren wird der Alkoholgehalt deutlich sicht- und lesbar in Volumsprozenten angegeben. Die Toleranz für die Deklaration des Alkoholgehalts beträgt 0,3, bei Flaschengärung 0,6. Alkohol wird nicht zugesetzt. Der Mindestalkoholgehalt beträgt 0,5 Vol.%. Daher ist auch die Bezeichnung „alkoholfreies Bier" oder gleichsinnig unzulässig.

11 Biere, die als „alkoholarm" oder unter einer gleichsinnigen Bezeichnung in Verkehr gebracht werden, enthalten nicht mehr als 1,9 Vol.% Alkohol.

12 Biere, die als „Nährbier" oder unter einer gleichsinnigen Bezeichnung in Verkehr gebracht werden, haben mindestens 12 Grad Stammwürze und werden aus den gleichen Rohstoffen wie andere Biere nach einem speziellen Verfahren hergestellt. Diese Biere haben bei üblichem Kohlensäuregehalt einen besonders hohen Restextrakt. Der „scheinbare Vergärungsgrad" darf höchstens 50% betragen.

13 Als „Bierkonzentrate" werden Produkte bezeichnet, die aus Bier durch besondere die Konzentration erhöhende Verfahren hergestellt werden und eine errechnete Stammwürze von mehr als 20 Grad haben. Bierkonzentrate werden zur Bierherstellung nicht verwendet. Aus Bierkonzentrat hergestellte Produkte werden nicht als Bier bezeichnet.

14 Die Azidität des Bieres rührt annähernd zu gleichen Teilen von primären Phosphaten und freien flüchtigen und nichtflüchtigen organischen Säuren her. Der pH-Wert des von der Kohlensäure befreiten Bieres liegt nicht über 4,9, bei untergärigem Bier nicht unter 4,0 und bei obergärigem Bier nicht unter 3,2. Allenfalls notwendige Korrekturen der Azidität werden nur im Sudhaus mittels Genußmilchsäure vorgenommen.

---

1) Bezüglich der Mälzung gilt das Codexkapitel B 20 „Mahl- und Schälprodukte", Abs. 2, sinngemäß.

15 Extrakterhöhende Stoffe werden nicht zugesetzt. Der natürliche Glyzeringehalt des Bieres schwankt zwischen 0,1 und 0,3 Gew.%.

16 Schweflige Säure wird dem Bier nicht zugesetzt. Der natürliche aus der Gärung stammende Gehalt an Schwefliger Säure beträgt bis zu 20 mg/l (berechnet als SO_2, bezogen auf 12 Grad Stammwürze).

17 Bier wird überwiegend klar in Verkehr gebracht.Die Klärung erfolgt nur durch physikalische Methoden (z. B. Filtration, Adsorption). Asbesthaltige Filter und Filterhilfsmittel werden nicht verwendet.

18 Zur Hintanhaltung später auftretender Eiweiß- und Gerbstofftrübungen werden nur gesundheitlich unbedenkliche Substanzen verwendet, die bis auf allfällige technisch unvermeidbare Spuren wieder entfernt werden.

19 Um ein besonders vollmundiges und schaumhaltiges Bier zu erhalten, werden diesem beim Abfüllen gelegentlich sogenannte Kräusen zugesetzt; unter „Kräusen" versteht man die am Anfang der Gärung stehende Bierwürze. Die so hergestellten Biere weisen – ebenso wie speziell bezeichnete (z. B. „Zwickl…") unfiltriert zum Verkauf gelangende Biere – eine Trübung auf. Eine leichte Trübung (z. B. Kältetrübung) kann auch von unlöslich gewordenen Eiweißstoffen herrühren.

20 Bier wird nicht chemisch konserviert. Für die Haltbarmachung kommen nur physikalische Methoden (z. B. Pasteurisierung, Entkeimungsfiltration) in Betracht.

21 Vorwiegend für die Herstellung dunkler Biere kann Zucker verwendet werden. Künstliche Süßstoffe werden bei der Herstellung von Bier nicht verwendet.

22 Bier wird nur mit Färbebier bis höchstens 100 EBC-Farbeinheiten gefärbt. Färbebier wird aus dunklem Malz, allenfalls mit Farbmalzzusatz hergestellt; es wird auf Sirupkonsistenz eingedickt (ca. 60 bis 65 Gew.% Trockensubstanzgehalt und mindestens 8000 EBC-Farbeinheiten)[2]. Ein Zusatz von Zuckercouleur ist nur bei Färbebier zulässig, das zur Herstellung von dunklem Bier verwendet wird.[3] Der Zuckercouleuranteil im Färbebier beträgt höchstens 50 Gew.%.

23 Um die Bildung geschmacklich unerwünschter Oxidationsprodukte zu verhindern, kann dem Bier Ascorbinsäure bis zu einer Höchstgrenze von 50 mg/l zugesetzt werden.

24 Schaumstabilisierende Mittel werden nicht zugesetzt.

25 Tropfbier (das von der Pipe oder vom Hahn abtropfende Bier) und Bierreste (z. B. „Hansel", das ist der in einem Gefäß stehengebliebene Bierrest, oder „Ausleerbier", das ist das beim Ausschank im Faß zurückbleibende Bier) werden nicht ausgeschenkt.

SCHWEIZER LEBENSMITTELVERORDNUNG

In der Schweiz regelt eine **Lebensmittelverordnung** das Herstellen von Bier. Sinngemäß gilt das über die Vorschriften in Österreich Gesagte.

Art. 377
(1) Bier ist ein alkoholisches und kohlensäurehaltiges Getränk, das aus einer Würze gewonnen wird, die mit Hefe vergoren wird und der Doldenhopfen oder Hopfenprodukte zugesetzt werden; die Würze ist aus stärke- oder zuckerhaltigen Rohstoffen und aus Trinkwasser hergestellt.
(2) Das Bier muß in der Regel klar sein. Nur bestimmte Biertypen (z. B. Hefebier) dürfen Trübungen oder Ablagerungen als Folge eines speziellen Herstellungsverfahrens aufweisen.

---

2) Derartiges Färbebier gilt nicht als Konzentrat gemäß Abs. 13.
3) Verordnung über den Zusatz von Farbstoffen zu Lebensmitteln und Verzehrprodukten, BGBl. Nr. 279/1979 i. d. g. F.

Art. 378

(1) Für die Herstellung der Würze können neben Gersten- oder Weizenmalz die folgenden stärke- oder zuckerhaltigen Rohstoffe verwendet werden:

    a) Cerealien wie Gerste, Weizen, Mais, Reis;

    b) Saccharose, Invertzucker, Dextrose, Glukosesirup bis höchstens 10 Gewichtsprozent;

    c) Stärke bis höchstens 20 Gewichtsprozent.

(2) Als Hopfenprodukte gelten: Hopfenpulver, angereichertes Hopfenpulver, Hopfenextrakt, Hopfenextraktpulver und isomerisierter Hopfenextrakt.

(3) Für die Zubereitung der Würze dürfen Röstmalz und Röstmalzextrakte verwendet werden.

(4) Der pH-Wert des Bieres darf bei der Abgabe an den Verbraucher 5,0 nicht übersteigen.

(5) Der Gehalt an Kohlensäure muß mindestens 0,30 Gewichtsprozent betragen.

RECHTLICHE BESTIMMUNGEN FÜR DAS BRAUEN ZU HAUSE

Alle diese o. g. Bestimmungen gelten für das Brauen zu Hause selbstverständlich **nicht.** Bringen Sie hingegen Ihr Bier unter Einhaltung der steuerlichen Vorschriften zum Verkauf, so gelten diese Bestimmungen allerdings auch für Sie

Da Sie das **„Naturprodukt"** Bier selbst genießen wollen, sind Sie gewiß daran interessiert, nur **einwandfreie Rohstoffe** zu verwenden; Sie werden daher auf alle chemischen Beigaben verzichten. Der Schaum wird vielleicht nicht so lange halten, aber Sie wissen genau, was Sie trinken!

STEUERRECHTLICHE BESTIMMUNGEN

Sehr bald haben die Großen der jeweiligen Zeit erkannt, welch steuerlicher Ertrag aus der Produktion und dem Ausschank von Bier zu ziehen ist. Jahrhundertelang behielten sich daher Fürsten und andere Herrscher gewisse **Braurechte** vor oder vergaben sie nur gegen entsprechende Abgaben.

Heute wird die **Biersteuer** im deutschsprachigen Raum abhängig vom **Stammwürzegehalt** und gestaffelt nach der **Jahresausstoßmenge** der jeweiligen Brauerei berechnet und eingehoben.

In der Schweiz und in Österreich ist das Brauen zu Hause ohne jede amtliche Anmeldung und Bewilligung möglich. Der Verbrauch für den Eigenbedarf ist ebenfalls steuerfrei. Die Abgabe an Dritte – gleichgültig, ob gegen Bezahlung, an Freunde oder unentgeltlich – ist jedoch steuerpflichtig! Genaue Auskünfte über Höhe und Modalitäten der Steuerentrichtung erteilen Ihnen in **Österreich** das zuständige **Zollamt** und in der **Schweiz** die **Eidgenössische Oberzolldirektion,** Abteilung Bierbesteuerung, in Bern. Davon abweichend ist in der Bundesrepublik Deutschland für das Brauen zu Hause eine **Meldung** an das zuständige **Hauptzollamt** erforderlich. Darin müssen Datum, Anschrift, Menge und Bierart, die zu brauen Sie beabsichtigen, enthalten sein. Die Entrichtung der Biersteuer erfolgt im nachhinein; sie ist einerseits von der Menge und andererseits vom Stammwürzegehalt des gebrauten Bieres abhängig. In den meisten Fällen (ca. 25 l Vollbier pro Monat) werden Sie unter die Steuergrenze fallen und keine Steuer entrichten müssen. Das entbindet Sie aber nicht von der Pflicht, eine Meldung bzw. eine entsprechende Steuererklärung abzugeben!

Ein weiteres **Kuriosum** ist, daß es bis 1986 in der Bundesrepublik Deutschland sogar verboten war, Anleitungen für das Brauen zu Hause zu verbreiten! – **Dieses Buch hätte daher damals nicht verkauft werden dürfen!**

Weiterhin nicht erlaubt ist es, alle Rohstoffe (Hopfen, Malz und Hefe) gemeinsam, mit dem Hinweis auf die **Eignung zu Brauzwecken,** abzugeben. Sie können im einschlägigen Handel sämtliche Rohstoffe zusammen oder einzeln erwerben, aber der Verkäufer darf Ihnen nicht sagen, daß sie zum Brauen von … Liter Bier geeignet sind. Diese Bestimmungen sind gewiß mit eine Ursache, weshalb das Brauen zu Hause fast völlig in Vergessenheit geraten ist.

Derartige **Einschränkungen** gab es in Österreich und in der Schweiz nicht. Ähnliche Restriktionen gelten übrigens auch für die Tradition der bäuerlichen Verarbeitung von Obst zu Schnaps. Durch die nur sehr eingeschränkte Vergabe von **Brennlizenzen,** vorwiegend an gewerbliche und industrielle Brennereien, ist diese Form der Verarbeitung und Veredelung von Obst in der Bundesrepublik Deutschland fast verlorengegangen.

BEZUGSQUELLENVERZEICHNIS

Von den vier für das Bierbrauen benötigten Rohstoffen sind – mit Ausnahme des Wassers – in Ihrem Haushalt **Hopfen, Malz** und **Brauhefe** normalerweise nicht lagernd.
Mälzereien und hopfenverarbeitende Betriebe liefern die für das Brauen zu Hause benötigten Mengen **nicht,** da sie gewohnt sind, den Bedarf an die großen Malzsilos der Brauereien in LKW-Ladungen abzugeben.
Infolge der stürmischen Entwicklung im Bereich der gewerblichen Hausbrauereien, die das von ihnen gebraute Bier in der angeschlossenen Gastwirtschaft selbst verkaufen – bei Kapazitäten von 150–300 Liter Bier pro Brauvorgang –, hat sich ein eigener Fachhandel entwickelt. Dieser beliefert kleine Hausbrauereien und auch Sie. Bei diesen **Versandhändlern** erhalten Sie Hopfen, Malz, Brauhefen, Thermometer, Bierspindeln, Flaschen, Fässer etc. für Ihre private „Brauerei". Sollte sich eine **gewerbliche Hausbrauerei** in Ihrer Nähe befinden, empfehlen Ihnen die Autoren, sich die Rohstoffe dort zu besorgen, und der Braumeister oder Wirt wird Ihnen gerne einige Tips und Ratschläge geben. Durch den Wegfall der nicht unbeträchtlichen Versandkosten und Kleinmengenzuschläge ist diese Rohstoffbeschaffung für Sie finanziell wesentlich günstiger. Vielleicht aber haben Sie über Bekannte Kontakt zu einer **Großbrauerei.** Viele von ihnen machen Führungen, und Sie erhalten dort den Bedarf für Ihr Brauen zu Hause. In etlichen **Apotheken, Drogerien, Reformhäusern** und **Naturkostläden** werden Sie ebenfalls die erforderlichen Rohstoffe erhalten. Dem **Branchenteil** Ihres **Telefonbuches** können Sie die nächstgelegene Hausbrauerei, Mälzerei etc. entnehmen. Geräte, wie Flaschen, Gärfässer, Schläuche etc., werden Sie in **Raiffeisenlagerhäusern** und in **Kellereibedarfsartikelgeschäften** erhalten.

BUNDESREPUBLIK DEUTSCHLAND

Albert Pfäffle GmbH.
Gymnasiumstr. 73
74072 Heilbronn
Tel. (07131) 84589 oder 85630
Fax (07131) 82294

Friedrich Sauer
Lenzhalde 66, Postfach 2125
73750 Ostfildern
Tel. (09761) 9188-0
Fax (09761) 918844

EICHLER GmbH
Martin-Bihn-Straße 18
63094 Rodgau-Hainhausen · Deutschland
Telefon: (06106) 61671 · Fax: (06106) 61681

Bioland-Rohstoffe + Zubehör für die Haus-
und Hobby-Bierbrauerei
Satkau Nr. 1
D-29459 Clenze

Dreikorn Bräu
Waldenserstraße 9 · D-75446 Wiernsheim
Telefon (07044) 7115 · Fax (07044) 920245

113

Diese Firmen beliefern Sie mit allen Rohstoffen bzw. erteilen Ihnen Auskunft über weitere Bezugsmöglichkeiten.

Wie schon im Kapitel über die rechtlichen Bestimmungen ausgeführt, ist es in der Bundesrepublik Deutschland leider noch immer **nicht möglich,** sämtliche Rohstoffe im Set mit dem **Hinweis auf die Eignung für das Bierbrauen anzubieten!**

Mälzereien
Branchenteil Ihres Telefonbuches

Hopfen, Hopfenextrakt, Hopfenpulver
Branchenteil IhresTelefonbuches

Brauhefen
Branchenteil Ihres Telefonbuches

ÖSTERREICH

Österreich kennt keine Einschränkungen nach dem deutschen Biersteuergesetz, daher haben sich einige Firmen bereits darauf spezialisiert, ein **Gesamt-Set** für das **Bierbrauen zu Hause** anzubieten. Fordern Sie bei diesen **Versandhändlern** eine **Preisliste** an, und wählen Sie daraus Ihre Zutaten!

LS-Technik GesmbH.
Ing. L. Schlögl
Wehrgasse 6
A-2563 Pottenstein
Tel. (0 26 72) 24 19
Fax: (0 26 72) 52 67

Kellereibedarf
Roswitha Knopf
Gurkgasse 16
A-1140 Wien
Tel. (0 222) 982 62 40
Fax (0 222) 982 82 08

Mälzereien
Branchenteil Ihres Telefonbuches

Hopfen, Hopfenextrakt, Hopfenpulver
Branchenteil Ihres Telefonbuches

Brauhefen
In Österreich gibt es keine Reinzuchtanstalten für die Züchtung von Brauhefen. Trockenhefen liefern die oben angegebenen Firmen. Eventuell können Sie sich Brauhefen auch unter den bei den deutschen Bezugsquellen angegebenen Adressen besorgen.

SCHWEIZ

SIOS Homebrew Shop
„The Beer People"
Postfach 2004
CH-8645 Jona
Tel./Fax ++41 55 282 43 23

HAUSBRAUEREIEN

In letzter Zeit haben sich in vielen österreichischen und deutschen Orten wieder kleinere Hausbrauereien etabliert, die das dort gebraute Bier im angeschlossenen Gasthaus direkt verkaufen.

Sollte sich in Ihrer Nähe eine solche Hausbrauerei befinden, so kontaktieren Sie den Braumeister oder Wirt. Er wird Ihnen gewiß die Rohstoffe für Ihre Brauversuche verkaufen und Ihnen bei etwaigen Fragen mit fachmännischem Rat zur Seite stehen.

Tragen Sie sich ebenfalls mit dem Gedanken, eine derartige „Kleinbrauerei" zu errichten, verweisen die Autoren Sie auf einschlägige Firmen, die Ihnen die technischen Ausrüstungsgegenstände anbieten und bei der Planung behilflich sein werden.

In Österreich besteht – unter Einhaltung der steuerrechtlichen Vorschriften – im Rahmen des landwirtschaftlichen Nebenerwerbs die Möglichkeit, eine „Bierbuschenschank" zu betreiben. Diese Form des Veredelns der im eigenen Betrieb angebauten Braugerste kann für Tourismusregionen eine ähnliche Bedeutung erlangen wie die bereits bestehenden Wein- und Mostbuschenschenken. Für diese Form der „Brauereien" bietet beispielsweise die Firma LS-Technik GesmbH., Wehrgasse 6, 2563 Pottenstein, Tel. (0 26 72) 24 19, Fax (0 26 72) 52 67, Kleinbrauereien mit Kapazitäten von 50–300 l in Modulbauweise an.

KLEINES BRAU-ABC

Bierspindel:
Ein Meßgerät zur Bestimmung der gelösten Bestandteile in der Würze. Das Verhältnis gelöster Stoffe zu Wasser wird in Prozentsätzen angegeben. 12% Stammwürze bedeutet, daß 12 Teilen gelöster Stoffe 88 Teile Wasser gegenüberstehen.

Brauprotokoll:
Aufzeichnung der jeweiligen Brauvorgänge. Dient der Mengenkontrolle und dem Erkennen von Braufehlern, aber auch als buchhalterische Unterlage für die Abgabenentrichtung gemäß den einschlägigen Steuerbestimmungen.

Darren:
Darunter versteht man den Trocknungs- bzw. Röstprozeß in der Mälzerei.

Enzyme:
Sind im Malz enthaltene Biokatalysatoren, die die Aufspaltung in vergärbare Substanzen (Maltose und Dextrin) bewirken.

Filtern:
In Brauereien wird das fertige Bier gefiltert, damit Trübstoffe und Rückstände der Hefe aus ihm entfernt werden. Dadurch wird das Bier klar und durchsichtig. Ungefilterte Biere sind leicht trüb; sie enthalten durch diese Rückstände auch mehr Kalorien.

Hefen:
Sind Bioorganismen (Kleinstlebewesen), die bei der Vergärung die Umwandlung des Malzzuckers in Alkohol und Kohlensäure (CO_2) bewirken.

Hopfen:
Ein Maulbeergewächs, das dem Bier die charakteristische herbe Note verleiht. Für das Brauen werden nur die nicht befruchteten weiblichen Dolden verwendet. Die Bitterstoffe des Hopfens wirken antibakteriell und sind für die Konsistenz des Bierschaumes wichtig.

Infusionsverfahren:
Ein einfaches Brauverfahren, bei dem unter Einhaltung von Rastzeiten die Temperatur der Maische regelmäßig bis auf 78°C erhöht wird. Das für das Bierbrauen zu Hause optimale Verfahren!

Jodprobe:

Dient der Feststellung, ob die Enzyme des Malzes die Umwandlung in Maltose bewirkt haben. Bei Gelbfärbung der Jodprobe ist die Umwandlung in Malzzucker bereits abgeschlossen.

Karamelmalz:

Besondere Form des Braumalzes, das dem Bier den vollmundigen Geschmack verleiht.

Läutern:

Darunter versteht man das Trennen der festen von den flüssigen Bestandteilen der Maische.

Maischen:

Unter Maischen oder Einmaischen versteht man das Mischen des geschroteten Braumalzes mit dem Brauwasser.

Maltose:

Maltose oder Malzzucker entsteht bei der Umwandlung des Malzes durch Enzyme. Erst die Maltose ist durch Hefe in Alkohol und Kohlensäure (CO_2) umwandelbar.

Malz:

Entsteht durch die besondere Behandlung von Braugerste in den Mälzereien. Sie wird in Wasser gequollen und zum Keimen gebracht. Nach einigen Tagen wird der Malzvorgang beendet und das Malz gedarrt.

Obergäriges Bier:

Darunter versteht man ein mit obergäriger Hefe gebrautes Bier, das bei 15–20° C gärt. Es hat die Nachteile geringerer Haltbarkeit und Lagerfähigkeit.

pH-Wert:

Er gibt den Säuregehalt des Brauwassers an. Optimale Werte für Brauwasser liegen bei einem pH-Wert von 4–5. Er wird mittels handelsüblichem Indikatorpapier bestimmt.

Schroten:

Nennt man das Zerkleinern der Malzkörner vor dem eigentlichen Brauvorgang. Dabei werden die Malzkörner gröber zerkleinert als etwa beim Mahlen von Getreide zu Mehl.

Sud:

Als Sud bezeichnet man den Vorgang des Kochens der Würze.

Treber:

Der feste Rückstand der Maische, der beim Läutern vom flüssigen Teil (Würze) getrennt wird. Treber – als Abfallprodukt der Bierherstellung – wird als hochwertiges Futtermittel in der Viehzucht verwendet. Sie können Treber, sofern Sie selbst Brot backen, Ihrem Teig beigeben.

Untergäriges Bier:

Die meisten Biere werden heute untergärig gebraut. Die Vergärung erfolgt mit untergärigen Hefen bei einer Gärtemperatur von 4–8° C. Die Vorteile untergäriger Biere sind ihre längere Lagerfähigkeit und Haltbarkeit.

Würze:

Darunter versteht man den flüssigen Teil der Maische, der unter Beigabe von Hopfen gekocht wird.

Zuckercouleur:

Wird zum Färben obergäriger Biere verwendet. Nach dem „Deutschen Reinheitsgebot" der einzige für obergärige Biere zulässige Zusatzstoff.

Zwickelbier:

Ungefiltertes Bier, welches über einen eigenen Zwickelhahn dem Gärbottich entnommen wird. Zwickelbier wird in letzter Zeit verstärkt als eine Besonderheit angeboten.

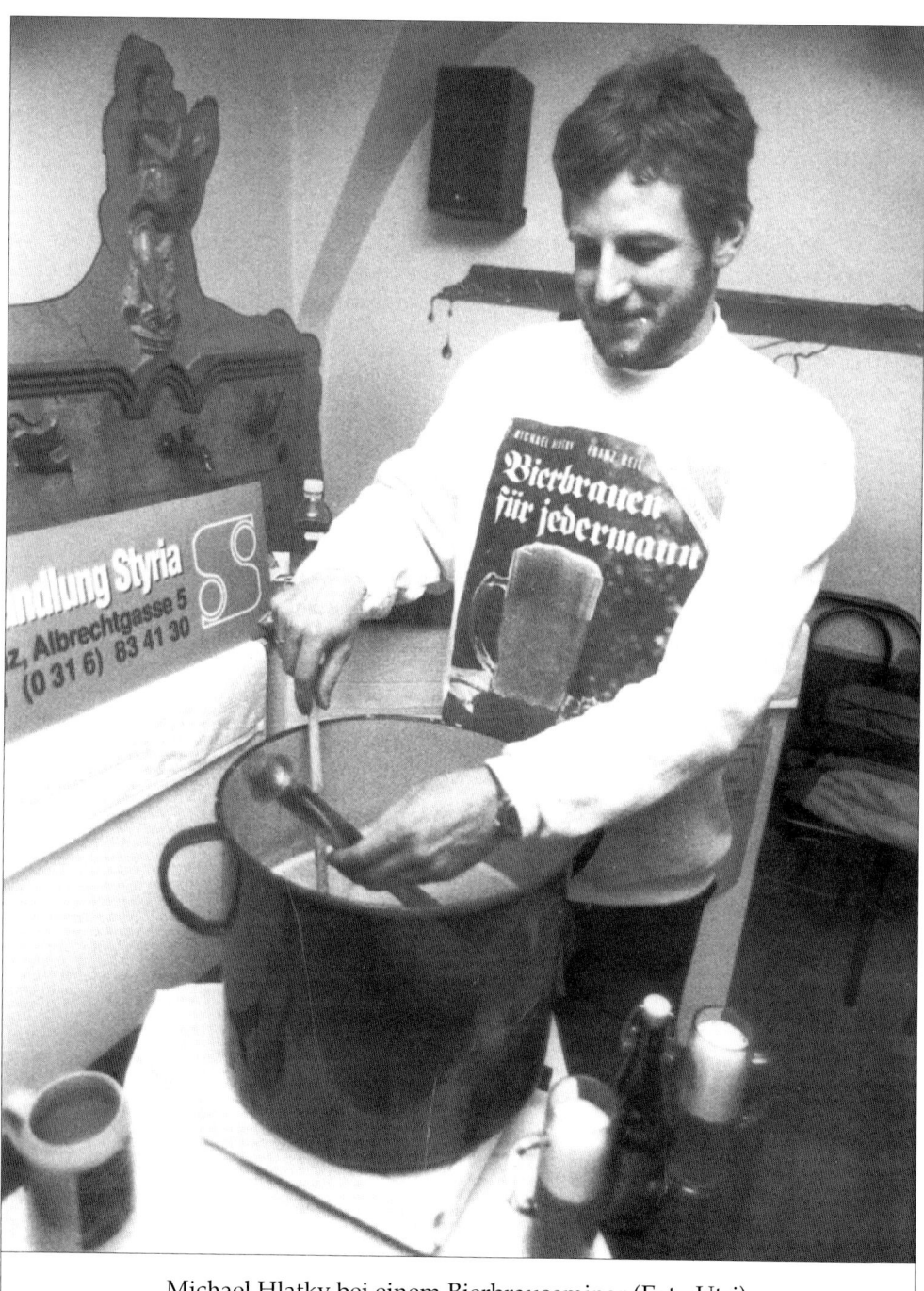

Michael Hlatky bei einem Bierbrauseminar (Foto Utri)

DANKSAGUNG

Die Autoren möchten sich bei allen, die an der Produktion dieses Buches mitgewirkt haben, recht herzlich bedanken: für das Verständnis unserer Gattinnen, Kinder bzw. Enkelkinder, wenn wir stundenlang im Keller gewerkt haben und unsere „Brauerei" schlußendlich einem Schlachtfeld geglichen hat, sowie dem Leopold Stocker Verlag für seine Bereitschaft, dieses Buch in sein Programm aufzunehmen; ferner allen Nachbarn und Bekannten, die sich selbstlos für das „Verkosten" zur Verfügung gestellt und diese Tests ohne bleibende gesundheitliche Schäden überstanden haben.

Unser besonderer Dank gilt Herrn Ing. Leopold Schlögl, der uns nicht nur mit Rohstoffen zur Biererzeugung versorgt hat, sondern uns auch gerne mit seinen Erfahrungen bei Fragen aus dem Bereich „Kleinbrauereien" behilflich war und einige Fotos zur Illustration beigesteuert hat.

Last but not least gilt unser Dank dem Lektor Dr. Wolfgang Klesl und dem Hersteller Bernhard Stroißnigg.

DIE AUTOREN

Mag. Michael HLATKY
geboren 1958 in Judenburg, Mittelschule in Judenburg, Abitur 1976, Abiturientenlehrgang der Handelsakademie, anschließend Studium der Betriebswirtschaftslehre in Graz. Nach einigen Jahren im Management eines internationalen Lebensmittelkonzerns Wechsel ins Verlagsgeschäft. Zur Zeit im Bereich Marketing und Vertrieb tätig.

Dipl.-Br.-Ing. Franz REIL
geboren 1926 in Budapest, Mittelschule in Budapest, Abitur 1947 in Innsbruck. Studium an der Technischen Universität München, Abteilung Brautechnik in Freising. Beschäftigung bei mehreren Brauereien in Holland, Deutschland, der Schweiz und Österreich. Von 1960–1992 Technischer Leiter einer Genossenschaftsbrauerei in Österreich. Seit 1992 im Ruhestand. Konsulententätigkeit für Hausbrauereien.

WEITERFÜHRENDE LITERATUR

Theodor Böttinger, Das Taschenbuch vom Bier. Wilhelm Heyne Verlag, München, 4. Auflage 1975.

Wolfgang Vogel, Bier aus eigenem Keller. Verlag Eugen Ulmer, Stuttgart, 3. Auflage 1993.

Der vollkommene Bierbrauer oder Kurzer Unterricht, alle Arten Biere zu brauen, wie auch verdorbene Biere wieder gut zu machen, auch alle Arten von Kräuter-Bieren: nebst einem Anhang vom Methsieden. Reprint der Originalausgabe Frankfurt/Leipzig 1784, Reprintverlag Leipzig, 1990.

Thomas Klawunn/Arne Grunau, Bier selbst gebraut. Eine praxisorientierte Anleitung für den Hausgebrauch. Verlag Karin Schulz, Göttingen, 3. Auflage 1994.

Ludwig Narziß, Abriß der Bierbrauerei. Ferdinand Enke Verlag, Stuttgart, 4. Auflage 1980.

Rolf Lohberg, Das große Lexikon vom Bier. Scripta Verlag, Stuttgart, 3. Auflage 1984.

Wulf-Jürgen Uhlmann, Bier und Gesundheit. Karl F. Haug Verlag, Heidelberg, 1970.

Georg Zentgraf/Ansgar Kneissl, Die Brauerei im Bild. Verlag Hans Carl, München, 9. Auflage 1989.

Karl-Ulrich Heyse (Hg.), Handbuch der Brauerei-Praxis. Verlag Hans Carl, München, 2. Auflage 1989.

Gesellschaft für Öffentlichkeitsarbeit der österreichischen Brauwirtschaft (Hg.), Wissenswertes rund ums Bier. Wien, 1993.

BILDNACHWEIS

Michael Geyer, Judendorf–Straßengel; Michael Hlatky, Breitenhilm; Chris Lang, Schladming; Franz Reil, Schladming; Leopold Schlögl, Pottenstein.
Grafiken: Herwig Steiner, Graz; Christine Hlatky, Breitenhilm

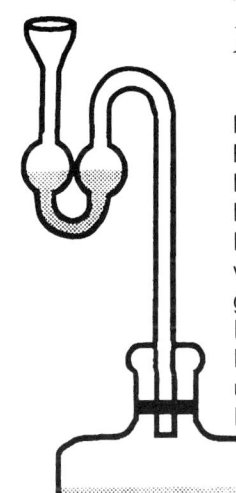